J. MICHELET

—

LES SOLDATS

DE LA

RÉVOLUTION

—

ÉTUDE

PAR

CAMILLE PELLETAN

PARIS

CALMANN LÉVY, ÉDITEUR

3, RUE AUBER, 3

—

1898

HISTOIRE

—

LES SOLDATS

DE

LA RÉVOLUTION

ÉMILE COLIN — IMPRIMERIE DE LAGNY

J. MICHELET

LES SOLDATS

DE LA

RÉVOLUTION

ÉTUDE

PAR

CAMILLE PELLETAN

PARIS

CALMANN LÉVY, ÉDITEUR

3, RUE AUBER, 3

1898

En écrivant ce livre, notre grand historien a
surtout entendu faire œuvre d'enseignement. Il
définit lui-même sa pensée au début. Il a voulu
montrer comme exemple à la France moderne,
mieux que des saints, des héros. Il a lui-même
trop souvent expliqué la différence entre ces
deux sortes de modèles, il l'a trop bien indiquée
ici même, pour qu'il y ait lieu d'insister longue-
ment. — Les vertus du saint ont leur raison
d'être en dehors de la nature et de l'humanité,
auxquelles le héros se donne tout entier. Le
premier se tourne vers la mort; le second, en la
bravant, appartient à la vie. Écrire, pour la
religion toute terrestre et la patrie française,
une nouvelle Légende dorée, celle des héros de
la Révolution, telle est la pensée que Michelet a

placée au seuil de ce livre. Il n'en est assurément pas de plus grande.

C'est aujourd'hui répéter un lieu commun, que de rappeler la merveilleuse faculté qui place Michelet au premier rang des historiens : — ce don de résurrection passionnée et souffrante qui fait qu'il ne raconte pas les siècles passés, il les revit. — Nous n'avons pas la prétention de découvrir, mais il importe d'ajouter que, précisément à cause de ce caractère de son génie, la Révolution française était, entre toutes les époques de l'histoire, celle dont il pouvait le mieux donner le véritable sens.

Il serait curieux d'écrire, si je puis parler ainsi, l'histoire de l'histoire révolutionnaire. Rien de singulier comme la façon dont la France a été obligée, depuis soixante ans, d'exhumer laborieusement, morceau par morceau, comme les débris d'une époque légendaire, les souvenirs des cinquante ou quatre-vingts mois qu'elle avait vécus une trentaine d'années auparavant, et qui étaient pourtant les plus glorieux qu'aucune nation puisse rappeler. Nul autre peuple n'a rien de comparable pour l'impulsion rapide donnée au progrès de l'humanité, pour la hauteur des idées, pour la magnificence des dévoue-

ments, pour l'horreur tragique des péripéties,
pour les miracles humains des victoires maté-
rielles et morales, pour la puissance indestructible des résultats obtenus; et pourtant, au sortir de ces temps prodigieux, la nation qui en
avait l'honneur, lasse d'idéal et de bouleversements, épuisée de son effort surhumain, s'ou-
bliant, se calomniant elle-même, ne retrouvait
plus dans sa mémoire, à la place que ces événements avaient occupée, que le souvenir confus
d'un cauchemar plein d'épouvante, et comme la
vision d'une large mare de sang.

Dans la première période de la Restauration,
la Révolution n'apparaissait plus, aux générations qui entraient dans la vie, qu'à travers une
hideuse légende. — On ne pouvait pas supprimer les gloires de nos armées; mais elles pâlis-
saient derrière le souvenir plus récent et mieux
exploité des victoires impériales; et le verre de
sang apocryphe de mademoiselle de Sombreuil
résumait assez bien l'idée qu'on se faisait du reste.
— Ce fut une impression profonde quand deux
jeunes Provençaux, d'une très vive intelligence,
s'étant mis, au sortir de l'École de droit, à entre-
prendre les premières fouilles dans l'histoire de
cette époque, substituèrent quelques notions

exactes à ces tableaux fantastiques. Assurément,
malgré tout ce qu'on a pu dire surtout du second,
ni Mignet, ni Thiers ne brûlaient de la flamme
révolutionnaire; pourtant, leurs ouvrages contribuèrent considérablement à cette première
renaissance de la Révolution qui éclata en 1830.

Depuis, il n'est pas un des grands mouvements de l'esprit de liberté qui n'ait été précédé
et préparé par un retour vers ces glorieux souvenirs, et pour lequel l'esprit public n'ait dû se
retremper dans ce passé encore si plein d'avenir, même après la célébration de son cente-
naire; en sorte que la reconstitution de cette
partie de notre histoire s'est trouvée profondément mêlée aux luttes du présent.

Ce furent successivement la magnifique passion lyrique de Lamartine; la généreuse conception socialiste de Louis Blanc; la noble et profonde philosophie de Quinet, si clairvoyant sur
nombre de points essentiels, inaperçus jusqu'à
lui. Il faudrait ajouter à cette énumération les
écrivains d'autres nations, qui ont consacré à
ces événements, français par le théâtre où ils
se sont produits, mais appartenant à l'humanité
par leur portée, quelques-uns des chefs-d'œuvre
des littératures étrangères. Aujourd'hui, un tra-

vail incomparable de critique minutieuse élabore les matériaux de l'édifice avant d'essayer une reconstruction nouvelle. Une innombrable légion de travailleurs reconstitue, jusque dans les plus petits détails, ces quelques années qui ont accompli la besogne de plusieurs siècles; on recherche l'histoire vraie, département par département, homme par homme; et l'on retourne en tout sens les idées reçues et les faits acceptés, pour en éliminer tout ce qui est douteux ou faux. Cet examen a fini par constituer comme une science spéciale, représentée dans notre enseignement supérieur par une chaire confiée au plus justement apprécié, parmi les hommes qui se consacrent à ces études. Il n'est pas jusqu'aux ennemis systématiques qui n'apportent leurs pierres au monument : ils sont condamnés à se charger d'une partie du travail, précisément par l'ardeur de leur haine, qui n'est point l'hommage le moins significatif rendu à cette grande époque.

Avec tout cela, Michelet, écrivant avant les recherches qui ont rectifié tant de détails, n'en reste pas moins le premier — je dirais presque le seul qui ait bien vu la Révolution, parce que seul, avec son don de résurrection, il en a senti et fait

sentir le trait dominant : son caractère impersonnel. — D'autres ont admirablement mis en
lumière ou les faits, ou les personnages, ou les
idées : seul, il a fait revivre le peuple.

S'il y a, en effet, quelque chose de frappant
dans ces grandes années, c'est que la scène y est
remplie par un peuple entier. A toutes les autres
époques, le génie et la volonté de quelques
hommes exceptionnels ont laissé incontestable-
ment sur les événements une empreinte décisive.
Bien que leur rôle ait pu être exagéré par le besoin si profond qu'éprouve l'esprit humain d'incarner les grands faits et les grandes idées dans
une figure et dans un nom propre, l'importance
de leur action n'en est pas moins incontestable.
Ici, Michelet a montré le premier, au lieu de
quelques personnalités, si grandes qu'elles
soient, les masses profondes de la nation.

Où donc, en effet, trouvera-t-on, dans la Révolution, un homme dont l'action ne se perde dans
celle des foules? — S'il en est un qui, par le
torrent de son éloquence, par l'éclat de son
génie, par le feu de ses passions, ait paru d'abord
conduire, plus encore, incarner le mouvement
révolutionnaire, c'est assurément Mirabeau; et
pourtant, quand il se retourne, c'est à peine si

sa volte-face produit un effet perceptible sur le cours des choses. Dès que cette puissance sans égale veut remonter le courant, elle est emportée par lui comme un fétu.

Au temps des légendes royalistes, la Révolution se confondait presque, au moins dans sa période la plus dramatique, avec le nom de Robespierre. Et pourtant, dans ces années si fécondes, et où il a eu entre les mains un pouvoir si redoutable, il apparaît avec une étonnante stérilité. Dans une époque de journées foudroyantes, d'œuvres colossales, de combats héroïques, son nom n'est attaché ni à une bataille, ni à une institution, ni à aucune des journées qui ont délivré la France.

On a rendu à Danton la place qui lui appartenait. Et, loin de contredire le caractère impersonnel de la Révolution, il le confirme. Or, si quelqu'un a reçu l'inspiration des masses, c'est bien lui. Aucun système; pas de continuité dans l'effort; de magnifiques élans; le don de donner un éclat extraordinaire à la voix du peuple. Peut-on imaginer contresens historique aussi bizarre, que de le comparer, comme cela a été fait, à Louis XI ou à Richelieu? Quel rapport peut-on découvrir, entre ces hommes de doctrine arrêtée et de longs calculs, pliant patiemment de leur main de fer leur siècle à leur idée, et celui dont la puissance et la grandeur est d'avoir résumé, à certaines heures d'inspiration, la pensée de la patrie et l'âme des foules?

A mesure qu'on a plus fouillé cette époque prodigieuse, on a été frappé du nombre d'hommes qui ont accompli toutes les parties de l'œuvre commune, soit grâce à un mérite exceptionnel, soit que la passion de l'époque les élevât au-dessus d'eux-mêmes. L'un organise les finances, autant que le permettent les bouleversements d'alors; d'autres élaborent le Code civil, que Napoléon démarquera. Celui-ci trace le plan de l'éducation démocratique, celui-là trace le plan des armées modernes. Des savants illustres appliquent la science au renouvellement de toute chose, depuis le calendrier jusqu'à l'art de la guerre. On suffit à la tâche écrasante d'un gouvernement sans traditions et sans pouvoir; on arrête, dans leurs grandes lignes, les institutions de l'avenir, au milieu des périls sans précédents de vingt insurrections, de deux ou trois guerres civiles, et de quatre ou cinq invasions. Chaque tâche a son ouvrier; et l'on chercherait en vain l'homme qui centralise ou inspire leur travail.

Dans les affreuses et sanglantes querelles, que
l'angoisse commune explique, les meilleurs parfois se méconnaissent, se haïssent jusqu'à la
mort. Une seule autorité commune met en mouvement tous ces admirables efforts, dont l'unité
profonde étonne au milieu des furieuses discus-
sions du temps; oui, une seule autorité, qui ne
fut celle d'aucun homme : la pensée de la gloire,
la passion de la Révolution et de la France.

Mais je parle de ceux qui pouvaient savoir
qu'ils laisseraient un nom. J'en vois déjà une
légion : que sont-ils au milieu de leurs innombrables collaborateurs? On reste confondu quand
on songe au miracle de ce gouvernement qui fit
les plus grandes choses du monde, sans aucun
des organes en apparence indispensables au gouvernement le plus médiocre. Plus d'administration : l'ancienne était dispersée ou trahissait;
quand donc en aurait-on fait une nouvelle? Il
faut que des hommes de bonne volonté se mettent à la besogne, se consument dans un travail
surhumain, sans même avoir la consolation de
penser qu'on se souviendra de leur modeste et
prodigieux effort. Le très beau livre du général
Iung sur Bonaparte a jeté une précieuse lumière
sur les bureaux improvisés de l'administration

au temps de la Convention. Une poignée d'hommes obscurs, dormant à peine, soutenus par la fièvre du moment, accomplissent l'ouvrage de toute une administration. Et à mesure qu'on écrit l'histoire du temps, département par département, ville par ville, on découvre partout des intelligences et des dévouements obscurs, dont les efforts, électrisés par les périls, méritent leur part de la gloire commune.

Est-ce tout? — Non; point encore : multipliez les collaborateurs anonymes de l'œuvre immense alors accomplie; donnez leur morceau de gloire et de reconnaissance aux milliers de travailleurs inconnus, dont le cœur a battu pour la patrie et pour le pays; — vous n'aurez encore qu'une petite partie de la Révolution. Il faut maintenant chercher l'homme d'État qui en a conduit les péripéties avec une si vigoureuse logique, et, à travers d'affreuses passions, avec une si profonde clairvoyance. Qui donc, quand les États généraux allaient être menacés, a compris le point stratégique où il fallait frapper un coup décisif, et a vaincu la royauté en prenant la Bastille? — Qui donc, aux premières heures de l'invasion, a deviné la première forteresse à conquérir, et a fait le 10 Août? — Qui donc a ôté

le pouvoir aux mains des plus illustres et des
plus généreux, quand ils n'ont pas compris les
nécessités de concentration impitoyable qu'inspirait le suprême péril de la France? — Qui donc,
hors de Paris, après s'être révolté contre l'injus-
tifiable violation de la représentation nationale,
s'est discipliné de nouveau, pour ne servir ni
l'invasion, ni le retour de l'ancien Régime? —
Tous les hommes qu'on nous montre paraissent
et disparaissent; leur rôle est d'une heure; ils
sont acclamés, puis renversés; hélas! trop souvent immolés. Quelqu'un les élève et les rem-
place; quelqu'un poursuit l'œuvre de la Révolution à travers leur changement. Et c'est le
peuple entier. — Oh! je n'oublie pas que la foule
fut souvent aveugle, et coupable, et cruelle. Elle
était ignorante; elle avait souffert; elle subissait
les colères atroces qui accompagnent les grandes
angoisses. Mais, même avec les égarements
inévitables en des temps si tragiques, comment
méconnaître la puissante et constante direction
donnée au mouvement par les masses profondes
de la nation, jusqu'à l'heure fatale de la lassitude
et de l'épuisement?

Nulle part cette collaboration de tout un
peuple n'apparaît mieux que dans les gloires

militaires de la Révolution. Et là est l'un des côtés les plus saisissants des quelques portraits que Michelet a groupés dans ce volume. Les figures y sont tracées avec ces couleurs vives, ce trait caractéristique, que Michelet donne à tous ses portraits : mais surtout, on voit autour d'eux les armées de la Révolution qu'ils résument. Le choix même des noms indique cette pensée. A côté des généraux illustres, tel y figure, comme la Tour d'Auvergne, qui représente moins le talent de la guerre que le dévouement intrépide à la patrie dans des situations subordonnées. — L'impression dominante qu'on garde du volume n'est pas celle que peut donner le génie d'un général, si éclatant qu'il soit : c'est celle qu'inspirent l'enthousiasme et le génie des milliers d'hommes auxquels nous devons notre patrie.

Et en effet, c'est un exemple unique que celui de nos armées révolutionnaires. On a essayé de les diminuer de toutes façons; et il ne faut pas s'en étonner : c'est ce qui se tente pour la Révolution tout entière. Par suite de nos profondes divisions et de l'opinion à laquelle la très grande majorité des classes aisées a été attachée dans ces derniers temps, c'est devenu une espèce de mode et un moyen de réputation rapide, et le plus sûr des titres auprès du public le plus distingué, que de dénigrer, soit notre grand XVIIIe siècle, soit l'incomparable mouvement populaire qui l'a terminé. Étrange spectacle donné à nos voisins, qui ont, eux, plus d'amour-propre national pour leurs gloires, et qui mettent une sorte de point d'honneur à vanter les hommes dont le nom brille dans leur histoire, quelque idée qu'ils aient servie ! — La démocratie peut se vanter de n'avoir point donné dans ces déplorables travers. Nul ne lui a consacré une passion plus ardente que Michelet. Nul n'a poursuivi d'une passion plus véhémente le despotisme de l'Église et de la royauté. On sait pourtant qu'il ne s'est pas cru obligé pour cela de décrier ni Bossuet, ni Richelieu ; et qu'il a donné, dans le monument qu'il a élevé à son pays, la place qu'elles méritaient à toutes les gloires de la France.

Quoi qu'il en soit, il y a une réponse aussi facile que péremptoire à tous les arguments tirés de compilations laborieuses, de textes sollicités, de détails défigurés ou arbitrairement rapprochés. Cette réponse est celle que donnent les résultats. — Voilà un pays dont l'armée, d'un effectif très faible à la veille de la Révolution, s'est trouvée, peu après, privée de la majeure partie de ses officiers par l'émigration. Il est assailli à la fois sur toutes ses frontières, par la Prusse, l'Autriche, le Piémont, l'Angleterre, l'Espagne. Quelques années après, il a vaincu tous ses ennemis et reculé ses frontières. Comparez ces résultats à ceux qui ont été obtenus, avant Napoléon, par les plus illustres gagneurs de batailles : vous n'en trouverez pas de plus considérables.

Or, dans le reste de l'histoire, il n'y a guère d'exemple de tels résultats obtenus autrement que par le génie d'un homme de guerre dominant son temps. — Ici, où est celui dont on peut dire : « C'est à lui qu'il faut rapporter les victoires révolutionnaires »? J'en vois une légion, depuis l'intrigant Dumouriez, qui eut son heure d'inspiration, jusqu'à la foule de ceux qui se trouvèrent, à un moment donné, des généraux de premier ordre : Hoche, Kléber, Marceau, Desaix, Moreau, Masséna, Jourdan, Lecourbe, et tant d'autres, sans compter les organisateurs, Carnot en tête. Notez que ce ne sont point des lieutenants, et que la plupart d'entre eux ont à leur actif de grandes opérations qui comptent dans l'histoire des guerres. L'un peut invoquer Valmy et Jemmappes ; l'autre, la campagne de Landau et celle

de Quiberon; celui-ci Fleurus, cet autre Héliopolis; cet autre Zurich; cet autre, la retraite
la plus fameuse de l'histoire. Notez qu'il a fallu
faire des armées avec des éléments levés à la
hâte, et désorganisés par d'effroyables défaites.
— Notez qu'on a dû tout créer, tout improviser.
Et calculez ce qu'était la légion des généraux
qui a suffi à la tâche!

Mais ici encore, les hommes du plus rare
mérite n'auraient rien pu sans la foule innombrable de soldats que la France a trouvés à
l'heure du péril. Les critiques ennemis de la
Révolution se sont particulièrement attaqués à
ses volontaires; et les plus volumineuses compilations ont été faites pour diminuer leur gloire.
Ce sont, dit-on, des soldats préparés par la
monarchie, ayant appris leur métier, qui ont
fait les victoires de la Révolution. — Ici encore,
le bon sens répond. On a maintes fois publié les
chiffres des effectifs au début de la guerre; ils
étaient extrêmement faibles. Or, il y a un fait
matériel qu'on ne peut pas nier: c'est le nombre
des armées françaises qui opéraient, quand il
fallait se défendre, à la fois au nord, à l'est, sur
les Alpes, sur les Pyrénées, en Vendée, et bientôt
après à Lyon et à Toulon. Par quel miracle les

soldats qu'avait formés la monarchie se sont-ils multipliés pour suffire à tant d'armées à la fois?

Il faut donc reporter aux efforts militaires de tout un peuple la gloire des immortelles campagnes qui ont fait la France si grande dans le monde. Cette gloire, comme Michelet l'a répété maintes fois, Napoléon en a usurpé la plus grande part. C'est l'honneur du grand historien d'avoir remis à son rang ce génie, qui fit de si grands prodiges, mais qui les fit avec des moyens créés avant lui. Il apparaît tard dans la Révolution, à l'époque où les grands dangers sont passés; — où les armées sont organisées; — où l'esprit militaire est formé, où toute une génération de généraux admirables est préparée pour servir sous ses ordres, — où la guerre nouvelle, cette guerre de la Révolution qui démonta si fort nos ennemis et la vieille école, a été inventée, par de soudaines inspirations, au fort du péril. Ce n'est pas un créateur; là comme dans le reste, il recueille les fruits de créations qu'il a trouvées faites par d'autres. — Rendons à ceux-là ce qui leur appartient.

C'est le génie de la Révolution qui le leur a donné. Une fièvre ardente de patriotisme, l'énergie furieuse des suprêmes dangers, la résolution farouche et exaspérée de ne point laisser périr la cause de la liberté, une sorte d'âpre et inflexible colère contre la coalition de tous les malheurs, un prodigieux et irrésistible débordement d'enthousiasme, ont, au milieu de difficultés sans précédents, électrisé les courages, illuminé les intelligences, fait marcher des soldats sans souliers et sans pain, inspiré les derniers efforts à des chefs qui, peut-être, n'avaient à en attendre que l'échafaud, confondu généraux et soldats, hors de tout espoir personnel, dans un dévouement commun à l'idée et à la patrie, relevé les battus après des séries de défaites, rallié les fuyards dans les pires déroutes, inspiré cet acharnement qui lasse la mauvaise fortune, allumé ces éclairs de génie qui déconcertent toutes les prévisions, et donné leur essor à l'immortelle série de victoires qui ont semé les libertés modernes par l'Europe entière!

Quel ensemble de figures admirables! — Il serait absurde d'en indiquer les traits, en tête d'un ouvrage où Michelet les a réunies. Il en est une qui, dans la pensée du grand historien, devait assurément y avoir une place, et dont le cadre est en quelque sorte resté vide. Qu'il nous soit permis, non de compléter l'œuvre du maître — je n'ai pas cette prétention, — mais de replacer au seuil du livre un nom qui lui appartient : — je veux parler de Marceau.

La Révolution a assurément produit de plus grands hommes de guerre : en première ligne, cet admirable Hoche, si cruellement trahi par la fortune, si injustement écarté, pendant long-temps, du théâtre qui était digne de lui, mais dont toutes les opérations ont, autant que celles de Bonaparte, le caractère foudroyant des guerres révolutionnaires, et dont la haute et loyale intel-ligence reste un des honneurs de la France. Marceau, même quand il a accepté le nom de commandant en chef, est resté, sinon un lieute-nant, du moins un collaborateur ; soit par modestie, soit à cause de son âge, il ne paraît pas avoir voulu d'autre rôle. Il n'a jamais eu la direction effective de très grandes opérations. Et pourtant il incarne autant qu'aucun autre, pour l'histoire, les armées de la Révolution.

La pensée se reporte avec une sorte de ten-dresse vers ce héros mort à l'âge où tant d'autres commencent à peine, et qui résume ce qu'il y a eu de plus généreux dans l'élan de 92. Nul plus que lui n'a senti battre dans sa poitrine le cœur de la France d'alors. Il y a un incomparable reflet de poésie sur cette jeune et belle figure aux longs cheveux tombants, que la balle stupide d'un soldat a arrachée, dès les débuts de la vie, à sa fiancée, à la patrie et à la gloire.

Son existence, si courte, est d'une merveilleuse unité. Né, à ce qu'il semble, pour être aimé de tous, il est méconnu, dès l'enfance, — chose inouïe ! — même par sa mère. Hors d'une sœur d'un autre lit, qu'il chérira passionnément jusqu'à son dernier soupir, il ne trouve que souffrances au milieu des siens. Et ces cruels commencements ne l'aigrissent point ; il reste bon, simple entre tous ; mais il puise, dans ses épreuves d'enfant, cette horreur de l'injustice qui en fera le soldat le plus dévoué du principe nouveau.

A seize ans, n'y tenant plus, il s'engage dans cette armée de l'ancien régime, où il n'y avait aucun avenir pour ceux qui n'étaient pas « nés ». Il s'en trouve sorti (je ne sais comment) quand la Révolution éclate ; à vingt ans il est de ceux qui prennent la Bastille ; quand le conflit s'engage avec l'Europe monarchique, il a été élu comme officier par la garde nationale de Chartres. Il est envoyé à l'ennemi, et assiste aux premiers revers.

On se rappelle ces premiers mois de désastre,

où la Révolution, qui venait de défier le monde,
ouvrit la plus grande lutte du siècle par une suite
effrayante de paniques et de capitulations. En
face de l'ennemi, qui proclamait le féroce projet
de faire disparaître Paris des bords de la Seine,
et de châtier par d'affreuses destructions la
révolte de la France, la trahison était partout,
les officiers désertaient, les troupes se déban-
daient sans avoir même tiré un coup de fusil, les
villes ouvraient leurs portes, des jeunes filles apportaient des fleurs aux chefs de l'invasion ! —
Marceau était du conseil de guerre de Verdun
qui livra la place ; il commença en réclamant,
avec son chef (qui se tua plutôt que de se rendre), une résistance désespérée, que la lâcheté
et la complicité de tous les autres firent impossible. Tels furent ses débuts ; loin de l'abattre,
ils trempèrent son courage. — Le désespoir
n'avait pas de prise sur la France d'alors.

L'étranger a envahi la France ; et c'est le moment où, suivant la belle expression de Michelet, la France reçoit dans le dos « le coup de
poignard de la Vendée ». C'est dans cette terrible guerre civile que Marceau fait ses véritables
débuts, et qu'il devient (au moins officiellement),
à vingt-quatre ans, général en chef. Je dis

officiellement, parce qu'il n'accepte que pour être le lieutenant et le prête-nom de Kléber, poursuivi d'injustes soupçons après la magnifique défense de Mayence.

Cette subordination volontaire grandit Marceau au lieu de le diminuer. Quel exemple, pour l'histoire, que celui des amitiés héroïques de ces grands soldats ! — Rien de plus rare dans les annales des guerres, remplies de divisions détestables entre les meilleurs. Trop souvent, la jalousie est la cause de ces antipathies. Un âpre besoin de parvenir, le désir de tirer à soi la fortune, l'envie contre les heureux, le besoin de s'attribuer le succès, se sont mêlés trop de fois aux sanglantes aventures que la force dirige en souveraine. Alors même que les mauvais sentiments n'existeraient pas, comment les façons de voir différentes, à la minute des plus redoutables périls, et ce travers inévitable de l'esprit humain, qui fait que chacun attribue les revers à d'autres et croit qu'il aurait tout sauvé, n'amèneraient-ils pas, dans de telles circonstances, des querelles, des antagonismes, des haines, des accusations réciproques ?

Rien n'est si beau, dans la Révolution, que les amitiés sublimes des hommes dont la situation devait faire des rivaux. Quelle scène que celle où Hoche, l'homme de génie, saute au cou de Pichegru, le traître qui va le faire supplanter, et ne comprend pas la froideur de ce misérable ! — A l'armée de Vendée, deux grands cœurs étaient réunis. Au surplus, ce que Marceau fit là, il le fit encore à l'armée du Rhin. Lui qui aurait pu être rival des plus grands, sa vie est remplie par une amitié mêlée de déférence et d'admiration pour les chefs auxquels il s'est trouvé associé : Kléber et Jourdan.

L'histoire, croyons-nous, réservera une plus grande place à Kléber qu'au futur maréchal. Marceau lui-même s'est peut-être trompé à cet égard. Mais je ne vois rien de si grand que cette amitié de Kléber et de Marceau, qui a peut-être sauvé la France, en arrêtant l'insurrection vendéenne. Le premier, déjà mûr (surtout pour un soldat de la Révolution), grand général s'il en fut, d'une énergie singulière, mais doublé d'un sang-froid que déjà les années avaient trempé ; l'autre encore tout bouillant, débordant de cœur, dans toute la fougue de ses vingt-quatre ans. A peine avait-il su qu'il était sous les ordres du défenseur de Mayence, qu'il laissa tout pour aller le voir. Sur quoi Kléber froidement :

« Vous auriez dû rester à votre poste : nous avions le temps de faire connaissance. » — Quelque temps après, ils s'adoraient. Quand l'ineptie des premiers chefs obligea à les écarter pour donner la direction à Kléber, comme des soupçons s'attachaient encore à la reddition de Mayence, il fallut que Marceau acceptàt le commandement nominal. Et Marceau disait à Kléber : « Je prends les dégoûts de la responsabilité pour moi, et je te laisserai à toi le commandement véritable, et les moyens de sauver l'armée ». Alors Kléber : *« Sois tranquille : nous nous battrons et nous nous ferons guillotiner ensemble.* » Fut-il jamais de plus grands cœurs?

Le fait est que tous deux furent également admirables dans cette guerre difficile entre toutes. Marceau avait surtout la fougue, il avait aussi la ténacité jointe au coup d'œil et à une sorte de sang-froid d'un élan furieux. En Vendée comme sur le Rhin, son génie militaire comporte ces qualités en apparence contradictoires. Il va toujours de l'avant, mais avec un coup d'œil d'une étonnante sûreté. Qu'il entre au Mans, occupé par les Vendéens, avec une avant-garde bien vite enveloppée, fusillée de toutes les fenêtres, et qu'il s'y maintienne jusqu'à l'arrivée des secours; ou qu'à Fleurus, il défende pendant dix heures un village en flammes, où l'on se battait dans l'incendie ; ou que dans sa dernière et admirable campagne, avec des troupes inférieures, privées du nécessaire, parfois indisciplinées à force de souffrances, il finisse toujours par vaincre, cette sorte de fougue tempêtueuse, doublée d'une force de résistance inflexible, reste le caractère du grand soldat.

Je dis : soldat. Le fut-il? Oui, dans le sens le plus élevé du mot, autant et plus qu'aucun autre peut-être ; et il eut ceci de commun avec les héros de la Révolution, qu'il ne donne prise à aucun des travers du militarisme.

Quelle leçon que ces quelques années de victoires incomparables, pour les traîneurs de sabre infatués de leur métier, pleins de mépris pour les pékins, et tenant, à l'exemple des hommes de 1870, à ce que les défaites et les capitulations aient bien le caractère technique! — C'était l'époque républicaine où, avec des armées, marchaient les délégués de la souveraineté nationale. Beaucoup faillirent à leur mission : on a vu aussi des généraux de carrière y faillir. Mais combien de ces civils ont leur place parmi les héros de la Révolution! Il suffit de nommer Merlin de Thionville à Mayence, et Saint-Just à Fleurus. Des soldats tels que Marceau, même après avoir été atteints, de la part des « commissaires des armées », des soupçons injustes qui sont inévitables aux heures des dernières angoisses, gardaient le respect profond des hommes qui représentaient la Convention aux armées. Le conventionnel Bouchotte, attaché à l'armée de Vendée, venait d'avoir son cheval tué sous lui; on était battu; on était enveloppé; c'était l'heure où chacun lutte pour la vie. Marceau était à côté de Bouchotte : « J'aime mieux, dit-il, être pris ou tué que de voir un représentant du peuple entre les mains de ces brigands. » — Il donne son cheval à Bouchotte, et se fait jour au milieu des ennemis le sabre à la main.

Ajoutez — chose extraordinaire — que ces héros, au fond, détestaient le sang versé. Ils se battaient pour un principe et pour leur pays. Ils se battaient comme personne, peut-être, ne s'est battu; pleins d'élan dans la victoire, inflexibles dans les revers, revenant dix fois à la charge. Mais jamais l'habitude des jeux meurtriers de la force ne mordit sur leur grande âme, remplie du culte de l'humanité. Hoche, déjà couronné de gloire, écrivait ces mots cités par Michelet : « Si les soldats étaient philosophes, ils ne se battraient pas ». Il était philosophe, et risquait tous les jours sa vie pour la France. — Marceau, illustre à vingt-quatre ans, écrivait à sa sœur : « Vous me parlez de mes lauriers; ils vous feraient horreur; ils sont teints de sang humain. »

On devine si les calculs de l'ambition pouvaient pénétrer dans ce grand cœur. Nul n'eut jamais moins de souci de faire valoir ses exploits. Un ami lui proposait de raconter ses campagnes, « Renonce à ton projet, lui disait-il... Né avec de faibles moyens, j'ai, par un travail opiniâtre, forcé la fortune à me devenir un peu propice; une âme ardente, un patriotisme pur et beaucoup de bonheur m'ont placé où je suis, et je t'assure que, outre mon faible mérite, il ne me reste pas de temps pour m'occuper d'autre chose que de mon métier, et encore ai-je souvent la peine de me trouver au-dessous de mes fonctions. » — C'est en écrivant à Jourdan qu'il se définissait ainsi : « Peu accoutumé à me vanter de ce que j'ai fait ou de ce que je n'ai pas fait, je ne cours pas après un vain fantôme de gloire : remplir mon devoir fut toujours le comble de mon ambition. » Il ne se surfaisait pas.

Une profonde tristesse, comme l'aube d'un

sinistre pressentiment, attrista ses derniers temps. Il n'avait pas vingt-huit ans; il était victorieux; il était illustre; il était resté pauvre il est vrai (il écrivait à sa sœur : « Si je perdais un bras ou une jambe, vous seriez ma seule ressource »), mais il était comblé de gloire et aimé de tous; — et, voyant un général tomber à côté de lui, il disait mélancoliquement : « Pourquoi ce boulet l'a-t-il frappé? » Un peu avant de mourir il écrivait à Kléber : « Je t'ai retrouvé, mon ami; je suis moins malheureux depuis ce temps, mais qu'il y a loin de ma position au bonheur!... Je ne dois plus être heureux, des pressentiments me l'assurent! »

Il allait être tué après une série de succès éclatants, après avoir pris Coblentz, après avoir fait des miracles, après avoir divisé deux armées, entre lesquelles il restait exposé à tous les coups, par des merveilles d'énergie et de clairvoyance; — car sa profonde mélancolie n'ôtait rien à la flamme qui brûlait en lui. Il allait être tué stupidement, par un ennemi embusqué derrière un arbre. — Et il aimait, et il était aimé. Le roman, tant de fois recommencé par le littérateur moderne, de la jeune fille noble et du soldat révolutionnaire s'éprenant l'un de l'autre et luttant contre les préjugés de parti, ce fut sa vie!

On sait comment il fut pleuré, même par ses ennemis. Blessé, aux mains des Autrichiens, il ne trouve dans leurs rangs que la plus profonde admiration. Et, devant son lit mortuaire, les officiers qui venaient de combattre défilèrent, les larmes aux yeux!

Aux soldats de notre Révolution, Michelet a ajouté un soldat et un poète de la Révolution italienne de 1848. Il y a là un souvenir de solidarités aujourd'hui compromises. Il est pourtant bon pour tous de ne pas les oublier : on ne peut croire qu'elles soient perdues sans retour. Aussi bien que personne, Michelet a représenté le rayonnement de la pensée française sur le monde. Nul n'a plus contribué à faire aimer notre pays par toutes les nations opprimées. — Nul ne peut mieux rappeler aux nations jadis opprimées ce qu'elles doivent à la France.

CAMILLE PELLETAN.

AVERTISSEMENT

AVERTISSEMENT

C'est au commencement de 1851 que M. Michelet conçut l'idée du livre, trop souvent interrompu, que l'on publie ici, dans sa partie achevée, sous le titre : *Les Soldats de la Révolution.*

M. Michelet venait d'offrir aux nations opprimées le « puissant cordial » de ses *Légendes du Nord* à cette heure de crise intérieure où la France, sous la présidence de Louis Bonaparte, descendait la pente fatale qui la menait au 2 décembre. Le 12 mars 1851 était jour de cours au Collége de France. Ce même jour avait lieu l'enterrement de la pauvre madame Mina Quinet, et

M. Michelet devait, avant sa leçon, parler sur la tombe. Il allait se rendre au cimetière, quand un huissier lui remit le décret qui le suspendait de ses fonctions de professeur. Le gouvernement, qui prévoyait une manifestation des écoles pour ses deux maîtres aimés, avait résolu de l'empêcher; de là cette communication tardive, qui laissait croire à la jeunesse que les funérailles seules faisaient ajourner la leçon. Quelques mois plus tard, M. Michelet était destitué.

Songea-t-il à s'en plaindre pour lui-même, pour ses intérêts privés? Il ne songea qu'à ses œuvres. La pensée de ce livre lui apparut pour la première fois.

Dans son *Journal*, qui fut toujours le plus intime confident de son esprit, il écrivait à cette même date :

« Ceci me semble providentiel. L'agitation polémique m'avait tiré hors de moi... Rentre en toi, et reprends force !

» La Révolution de 1848, si prodigieusement variée, avait dispersé ton attention sur le monde. Fixe-la d'abord sur l'ardent foyer d'où l'héroïsme révolutionnaire a jailli par toute l'Europe. Encore la France ; encore la Révolution, les hommes de 92...

» Et d'abord un simple, un saint, idéal de tant
de héros inconnus qui ont suivi le devoir, non
le bruit; la vie et la mort du premier grenadier
de la République, du Breton Latour d'Auvergne... »

On eût dit que Michelet, prévoyant les funestes
journées de décembre, voulait les conjurer en
rappelant à l'armée le souvenir de ces temps,
encore si proches, où la cité fut l'armée, où
l'armée fut la cité, c'est-à-dire « la patrie elle-
même, combattant et mourant pour les lois ».

Le plan conçu par l'auteur était très-vaste; rien
moins que la vie, le calendrier de tous les saints,
de tous les martyrs, de tous les héros de la liberté. Comme on l'a très-bien dit, ce livre « ou-
vrait une sorte de Panthéon à tout ce qui lutta
et souffrit pour la patrie et pour le peuple. »
Cette *Légende d'or* devait s'étendre à tous, au
paysan, à l'ouvrier, à l'instituteur, à l'étudiant, etc. Chaque profession aurait ainsi son
modèle, son patron, à honorer et à imiter; de
là le titre primitif : *Légendes de la Démocratie.*

Cette grande conception, M. Michelet n'a pas
eu le temps de la réaliser dans son ensemble.
Le maître d'école Grainville, le seul héros civil
qu'il ait raconté, a trouvé sa place dans l'*His-*

toire du dix-neuvième siècle. Les légendes de Latour d'Auvergne et de Desaix étaient terminées, mais celle de Hoche n'a été achevée que depuis. La vie de Mameli, écrite plus récemment encore, était même restée jusqu'ici inédite. Tous ces héros sont des combattants par les armes et ont donné leur sang et leur vie pour la patrie et pour la liberté ; il a donc paru nécessaire de modifier le titre d'abord indiqué, et d'appeler le livre : *Les Soldats de la Révolution.*

C'est en effet des soldats qu'il parle, et c'est aux soldats surtout qu'il s'adresse ; c'est à ce grand peuple muet des armées, qui a trop perdu de vue et ses origines et l'auguste mission qu'il eut à remplir : « ne faire la guerre que pour fonder la paix .» Ici il la retrouvera tout entière, cette mission sainte, il se retrouvera lui-même ; il sentira, en lisant ce livre, se réveiller en lui l'âme du passé et s'agrandir le sentiment de la patrie. A qui donc la faire connaître et aimer, si ce n'est à ceux qui ont à défendre son territoire et à garder son honneur? A qui, sinon à ceux-là, enseigner comment elle élève les plus humbles et par le sacrifice les mène à la gloire?

Au lieu de tant d'almanachs ridicules ou vides, ce sont ces légendes patriotiques qu'il faudrait répandre dans nos campagnes. Elles semblent écrites pour les naïfs et les illettrés, tant leur simplicité est grande; il n'y a qu'à savoir lire. L'hiver, dans la longue veillée qui réunit la famille et les amis, le plus ancien du village, qui, lui aussi a vu le feu, en ferait la lecture, les enrichirait de ses souvenirs. Dans l'uniformité de la vie rustique les mêmes pensées toujours reviennent. Plus d'un, parmi les jeunes auditeurs, au temps du labour solitaire, en conduisant la charrue, ruminerait tel mot, telle page. Les purs, les vrais héros, Hoche, Marceau, Desaix, Latour d'Auvergne repasseraient devant les yeux de son esprit; il les verrait bien loin, bien haut, dans une auréole, comme les saints qui gardent sa maison aux deux coins de la cheminée. Un matin, le jour peut-être où il va s'entendre appeler à son tour, il se lève tout joyeux; son nouveau saint, celui qu'il s'est choisi et qu'en secret il invoque, la nuit lui a parlé. Il en est sûr, son oreille ne l'a pas trompé, il a bien entendu ces encourageantes paroles : « Tu nous admires, et pourquoi? être un héros n'est pas si difficile, il ne tient qu'à toi de le devenir; il n'y faut qu'une chose, bien aimer la patrie. »

Tel qu'il est, souvent quitté puis repris, composé

de morceaux écrits à d'assez longs intervalles, ce livre garde néanmoins son unité et son harmonie : ceci n'est point dû au simple hasard, mais à la forte et constante pensée qui d'un bout à l'autre l'anime. Il s'ouvre, sous la première République, avec les volontaires et les fédérés, par les guerres de délivrance. Puis la Grande-Armée, vaillante toujours, moins libre et moins fière, amasse la gloire funeste des guerres de conquête. Arrive le dernier Bonaparte, et voici les guerres d'oppression. Les « soldats de la Révolution » ont changé de camp, hélas! et c'est nous qui les combattons...

Ainsi va, portant avec elle sa sévère moralité, cette grande et douloureuse histoire, de 1792 à 1869, de la veille de Jemmapes à la veille de Sedan.

INTRODUCTION

LE MONUMENT DE LA RÉVOLUTION

LE MONUMENT DE LA RÉVOLUTION

La Révolution, qui fut souvent admirable et
touchante dans ses fêtes, attend encore ses
monuments. Ceux qui furent essayés, ou proje-
tés, semblent peu regrettables. Les David et
autres artistes du temps, dominés par l'imitation inintelligente de l'antiquité romaine, ou-
blièrent trop que les monuments nouveaux ne
devaient pas avoir un caractère vaguement patriotique, mais dire avec précision, exprimer
fortement le dogme de l'époque, à savoir : que
la Révolution, très-mal nommée ainsi, était

moins une destruction qu'une création, la fondation d'une religion nouvelle, de la religion de la justice, opposée à la religion de la grâce ou de l'arbitraire, qui fut celle du moyen âge.

Cela avait été senti, et parfois exprimé, dans les grandes fêtes populaires des fédérations de 90.

Nos assemblées, inspirées de ce dogme, voulaient qu'il passât dans les monuments.

La Législative essaya de fonder les premiers autels de cette religion de justice. Elle ordonne qu'en chaque municipalité, au lieu où l'on enregistre les trois grands actes de l'homme, — naissance, mariage et mort, — un autel soit élevé.

Malheureusement cette idée ne fut point suivie. Les circonstances terribles qui vinrent en empêchèrent l'exécution, comme celle de tant d'autres choses. Un seul homme la réclama, et apporta son enfant au nouvel autel. Cet homme, qui comprenait si bien la Révolution, était précisément celui qui l'avait commencée le 12 juillet 89, c'était le grand écrivain de l'époque, Camille Desmoulins.

Le jour où la Révolution, ressuscitée, rendra la France à elle-même, elle commencera nécessairement par se poser dans sa vérité, qui est, nous le répétons, d'être une religion, et par se dresser son autel.

Le grand monument populaire ne serait pas autre chose que le premier de ces autels décrétés par l'Assemblée législative.

Il serait placé, naturellement, **au centre de Paris.**

Qu'on le mette à la place de la Concorde, entre les Tuileries et l'Arc-de-Triomphe, au lieu des grands souvenirs et des grandes leçons, au *Saint des saints* de la France.

Otons d'abord, envoyons au Musée, dans un coin de la cour du Louvre ou de la Bibliothèque, cet obélisque égyptien, vieillerie curieuse, propre à exercer les savants, mais ridicule et déplacée dans un lieu où la Patrie seule a droit de figurer.

Point de luxe dans le vrai monument du peuple, point d'or ni de marbre, encore moins d'art voluptueux, de grâces féminines (comme celles des molles Renommées qui ornent et déparent l'Arc-de-Triomphe) ; — une œuvre de force et de grandeur.

Pour base, j'aime assez le granit, mais point du tout ce dépoli, luisant, lustré, qui est sous l'obélisque. Combien il fut plus beau, ce roc, aux écueils de Bretagne, rude et sauvage, défiant les tempêtes ! Combien plus beaux j'ai vu encore aux Alpes, aux Pyrénées, les piédestaux sublimes que bâtit la nature, de roches entassées ! Je ne voudrais pas autre chose ; l'entassement, si l'on veut, des débris foudroyés, des tours brisées de la Bastille.

Au plus haut, que l'on fasse asseoir une image d'amour et de maternité, une femme ravissante, serrant ses fils à ses mamelles, la France, — et Dieu dans son regard !

A ses pieds, et plus bas, l'on assoirait encore les rois de la pensée moderne, Voltaire et

Rousseau, les pères de la France révolutionnaire.

Debout, comme sur deux promontoires avan-
cés de la montagne, dominant la foule du geste
et lui promulguant à jamais la loi de la Révolution, ses deux grands serviteurs, en qui elle eut
la voix de la foudre, Mirabeau et Danton.

Puis, tout rapprochés du peuple, les hommes que le peuple aima, de sorte qu'il puisse
les toucher presque, leur parler et se plaindre
à eux, leur porter ses douleurs. Je les voudrais
mêlés, saints martyrs, généraux illustres,
grands inventeurs, artistes, ouvriers héroïques, hommes de la paix, de la guerre, dans
une belle confusion ; Hoche fraternisant avec
Lavoisier, Desaix avec Géricault, Latour-d'Auvergne avec Jacquart. Tous se donnant la main,
instruisant d'exemple les hommes à la fraternité, ils formeraient comme une couronne à la
base du monument.

Enfin, au niveau des regards, plus bas encore, et partout la place sacrée, sous les pieds
même de la foule (comme autrefois dans les
églises) s'étendraient des plaques de bronze,

1.

chargées d'inscriptions simples et fortes, de vives et vraies voix de la France ; sur ces tables, par mille et par mille, les noms vénérés de ceux qui travaillèrent, souffrirent, moururent pour le pays. Là, on apporterait l'enfant à sa naissance ; on y ferait les mariages devant le grand autel du peuple ; nos morts aimés en seraient les témoins ; ils sanctifieraient de leur sainteté les actes solennels de notre vie, les béniraient de leurs vœux sympathiques et communiqueraient à l'existence éphémère quelque chose de leur immortalité et de l'éternité de la Patrie.

En attendant le monument, ce livre est une première pierre que j'y voudrais apporter.

LA LÉGENDE D'OR

LA LÉGENDE D'OR

Ce livre, c'est la *Légende d'or*, vraie, pure et sans alliage, où l'on ne trouvera rien que l'or de la vérité.

La vieille *Légende dorée*, qui jadis amusa nos pères, fut toute autre chose. Aux vertus réelles de ces temps elle mêla les faux miracles de la fausse sainteté. Dorée au dehors, elle ne fut souvent que plomb au dedans. Et celle-ci, quelque indigne que la forme en puisse paraître, est d'elle-même le trésor du passé, de l'avenir.

Oui, peu importe l'ouvrier, peu importe la façon ; le fond est si riche que quiconque y touchera, nous le disons hardiment, en sera nourri, consolé, élevé, augmenté de cœur. Plus d'un, faible et triste à la première page, après avoir lu, se sentira grand.

A qui offrirons-nous ce livre ? A ceux d'abord qui, plus que personne, l'ont inspiré et soutenu, qui en ont donné la matière, aux hommes de toute nation qui, par tant d'actes héroïques dans les dernières luttes de la liberté, ont comme agrandi la nature humaine.

Nous l'offrons, ce puissant cordial de force et de joie virile, à ceux qui pleurent, aux vaillantes, aux infortunées nations qui sont aujourd'hui dans la mort, et seront dans la gloire demain. Toutes ont contribué à ce livre, toutes y sont représentées dans leurs illustres souvenirs qui sont aussi des espérances.

Car ceci n'est pas seulement un martyrologe, une légende de saints pour apprendre à bien mourir. C'est l'histoire aussi des héros, des vainqueurs, l'histoire des victoires de la justice.

L'esprit du temps est un héros, et le temps vaincra.

Les deux caractères du saint, du héros, trop séparés aux âges chrétiens, se sont réconciliés d ns la sainteté héroïque des hommes de la foi nouvelle.

C'était une grande question de savoir si, dans cette légende d'or, on n'admettrait que les purs, les irréprochables. Qu'était-il pour en décider, celui qui tenait la plume?... Il serait resté en suspens, s'il ne lui eût semblé entendre la voix des héros, des martyrs, de ceux qui seuls ont le droit d'ouvrir et de fermer la porte, de recevoir qui ils veulent dans cette grande compagnie:

« Pour que ta légende, lui disaient-ils, soit vraiment la nôtre, il faut qu'elle soit ce que nous fûmes, largement miséricordieuse, grande comme étaient nos cœurs. Mets donc sans hésitation près de nous, sous notre abri, les faibles qui, s'élevant au-dessus de leur nature, eurent des volontés héroïques ; mets encore, nous les acceptons, des cœurs qui flottèrent sans doute, mais dont l'éternel orage a servi l'humanité, ces victimes des révolutions morales, de l'art et de la passion, dont les souffrances profitèrent au monde. Ce qui manque à ces caractères, nous le couvrirons du nôtre. »

Si les héros le veulent ainsi, dans leur force et leur clémence, nous n'y contredirons pas. Ce livre ne sera pas plus sévère qu'ils ne l'eussent été eux-mêmes. Les faibles iront avec les forts ; artistes, poëtes, femmes, enfants, y trouveront petite place derrière les héros, ou passeront emportés dans un coin du manteau des saints.

Obéissons à ces voix souveraines. Elles dictent, nous écrivons. Nous posons l'histoire de fer pour écrire la légende d'or. Nous mettons un moment de côté le marteau dont nous forgions dans cette forge de 93.

Il est bon de se recueillir, avant les événements, dans une œuvre sainte et douce. Il est bon, pour le travailleur, à l'approche des orages, de voir un moment le ciel.

Heure chaude, heure d'attente, où plusieurs sont tentés de ne plus agir, de croiser les bras, d'abandonner tout travail, les yeux fixés sur l'horizon. Mais l'ouvrier laborieux, même à l'heure lourde de midi, lorsqu'il respire un moment assis sur la terre, ne sait point rester inactif. Il songe, ramasse quelques fleurs, les unes pour les vivants et les autres pour les morts. Morts et vivants, il les mêle ensemble dans une couronne, pensant qu'en réalité il n'y a point de mort, et qu'on ne meurt pas, mais qu'une même société humaine vit, identique à elle-même, par le cœur et le souvenir.

PREMIÈRE PARTIE

—

SOUS LA PREMIÈRE RÉPUBLIQUE

NOS ARMÉES RÉPUBLICAINES

NOS ARMÉES RÉPUBLICAINES

I

J'étais enfant en 1810, lorsqu'au jour de la
fête de l'Empereur on laissa tomber les
toiles qui cachaient le monument de la place
Vendôme, et la colonne apparut. J'admirais
avec tout le monde. Seulement, j'aurais voulu
savoir les noms des hommes d'airain figurés
aux bas-reliefs : « Et tous ceux-là, disais-je,
qui montent autour de la colonne, comment les
appelle-t-on ? »

Ils montent, aveugles, intrépides, ils montent combattant toujours, comme s'ils allaient

pousser la bataille jusque dans le ciel. La spirale tout à coup s'arrête.... Et tout ce peuple sans nom devient le marchepied d'un seul.

La même pensée m'est revenue souvent dans mes promenades rêveuses, aux Invalides et à l'Arc-de-Triomphe. Sur ces nobles monuments, je vois le roi et l'empereur, je lis les noms des généraux ; cela m'instruit, cela me touche. Et pourtant ce n'est pas assez, j'aurais voulu connaître aussi le grand peuple obscur, oublié, qui a donné sa vie dans ces longues guerres.

Que sais-je des armées de Louis XIV, de ses infortunés soldats, qui l'ont si patiemment servi pendant cinquante années ? Peu, très-peu de chose. Villars dit, dans ses Mémoires, que souvent leur misère fut telle « qu'ils ne mangeaient que de deux jours l'un ». Il dit ailleurs : « Vous verriez, avec édification, nos soldats éviter avec le plus grand soin de marcher dans un champ de blé qui est devant notre camp. »

Ce champ de blé me reste au cœur, autant et plus que leurs victoires. Je n'entre jamais aux Invalides, que leurs vertus, leur résignation, leurs longues souffrances, ne se représentent à mon souvenir, et que je ne me sente pénétré d'un sentiment de religion.

Les armées de la République sont-elles beaucoup mieux connues que celles de Louis XIV ? On le croit, et l'on se trompe. Ces grandes légions fraternelles qui sortirent de terre en 92, qui, sans pain et sans souliers, presque sans habits en décembre, couraient vers le Nord, ces héros de la patience, soldats du Rhin, de Sambre-et-Meuse, qui ne connurent que le devoir, non la gloire ou le profit, sont-ils suffisamment représentés par quelques noms inscrits aux voûtes de l'Arc-de-Triomphe ? Grands noms, je ne le nierai pas, mais dont beaucoup nous rappellent des idées toutes contraires au dévouement désintéressé qui caractérisait les masses. Nombre de ces généraux ont eu le prix de leurs actes en ce monde, le prix qu'ils voulaient, les grades et l'argent. Le grand peuple muet des armées attend encore sa récompense.

Quand je lis dans les mémoires de Napoléon, et d'autres généraux illustres, cette simple et sèche mention : « A telle affaire, j'avais *tant d'hommes*, » je m'étonne et je m'attriste. Qui ne sait que le nombre est ici chose secondaire ?

Il fallait dire : « J'avais *tels* hommes..., et c'est parce que *tels* ils étaient, que mon génie put hasarder tant de choses contre toute règle, tout calcul de prudence humaine. Je connaissais à merveille l'épée enchantée, infaillible, que la Révolution mourante avait placée dans ma main. Arcole et bien d'autres batailles étaient insensées, sans doute, pour qui n'aurait pas eu ces hommes ; elles ne l'étaient pas pour celui qui, en commandant l'impossible, fut toujours sûr d'être obéi. »

Un mot, une larme, un souvenir au peuple des héros oubliés !

Ne croyons pas être quittes envers tant d'hommes dévoués, si nous glorifions leurs chefs. Nous serions injustes pour eux, injustes pour leur pays. Telle province, inférieure peut-être dans la masse du peuple, donna nombre de généraux ; telle autre n'eut pas un général, mais le peuple entier y fut un admirable soldat.

Nommons entre autres un pays du centre, pays
de peu d'éclat, contrée pauvre et laborieuse,
qui nous envoie chaque année une légion d'ouvriers, d'honnêtes maçons, la Creuse. Ces braves gens, aussi fermes à la guerre qu'au travail,
se sont montrés héroïques dans les grandes
circonstances. On en vit cinq cents, en Égypte,
arrêter, repousser une armée de Mamelucks,
de ces brillants cavaliers, montés, armés roya-
lement, dont chacun, dit Napoléon, valait trois
cavaliers d'Europe.

Est-ce à dire que ces hommes obscurs, qui
firent dans leur simplicité tant de grandes
choses, en réclament le salaire, qu'ils s'indi-
gnent du silence de l'histoire dans leur tombe
inconnue ? Non, ce qu'ils ont voulu, ils l'ont;
suivre le devoir, servir la patrie, voilà tout ce
qu'ils demandaient. Ils ont emporté cela avec
eux; leur journée est faite, ils reposent, bons
ouvriers de la guerre, paisibles comme la nature qui fleurit les champs de bataille où ils se
sont endormis. Mais s'ils peuvent être satisfaits,
nous, nous ne devons pas l'être. C'est notre
œuvre à nous, leurs frères, à nous ouvriers de

la pensée, de renouveler leur mémoire, d'exhumer leur souvenir, trop longtemps absorbé dans la gloire de quelques-uns.

OEuvre de travail immense, de justice et de vérité ! Elle seule peut cependant acquitter la dette de la patrie. Elle seule rend l'histoire morale et féconde. Nous l'avons commencée, cette œuvre, dans notre faiblesse. D'autres la reprendront dans leur force. Déjà notre *Histoire de la Révolution* a restitué aux masses la plupart des grandes choses dont on faisait honneur à tel individu ; elle n'a pas nié les héros, mais montré qu'ils ne furent grands qu'en représentant la pensée de tous.

La voie est ouverte; l'histoire militaire y entrera, nous l'espérons. Plus qu'elle n'a fait jusqu'ici, elle descendra dans les profondeurs vivantes, elle voudra pénétrer nos armées dans leur composition, dans le détail où est la vie. Elle fixera le caractère de chacune d'elles, et verra qu'elles formèrent leurs généraux autant qu'elles furent formées par eux, imprimant aux génies les plus indépendants leur puissante personnalité. Les fermes et vaillantes

armées du Rhin, de Sambre-et-Meuse, condui-
tes par des hommes du Nord, ont fait leurs
chefs à leur image. La rapide armée d'Italie,
composée de marcheurs terribles, Basques et
Gascons, de bouillants Provençaux, voulait un
général du Midi, comme le Piémontais Masséna,
le Corse Bonaparte ; elle reçut, donna l'étincelle, électrisa ceux qui l'électrisaient ; et du
contact jaillit la foudre.

II

Rien n'est plus beau à contempler que les primitives origines de ces armées républicaines, les belles fédérations civiques qui commencèrent chaque corps et devinrent des légions. Le premier signal partit du canon de la Bastille, de la grande émotion de 89, quand la Révolution naissante, entourée de tant d'ennemis, se hâta d'armer ses enfants. Tous jurèrent de défendre tous. Une immense croisade de fraternité s'organisa dans toute la France. Partout l'on craignait deux choses, l'ennemi et la famine. Se défendre les uns les autres, se nourrir les uns les autres, tel fut le premier serment. Rassurés, en 90, ils renouvelèrent l'union. Pourquoi ? Ils le disent eux-mêmes: *pour s'unir* et s'aimer dans la commune patrie.

Les fédérations de 90 furent les bataillons de 92. Amis et amis, voisins et voisins, ils partirent, la main dans la main, acquittant la parole donnée deux ans auparavant sur l'autel de la Patrie. Ainsi commencèrent ces corps immortels, le premier bataillon de Maine-et-Loire, la 32e demi-brigade, sortie de l'Hérault, et tant d'autres légions célèbres.

Il y avait à Valence un jeune homme admirable d'aspect, de taille et de courage, d'un cœur héroïque. Plusieurs, lui reprochant une faute qui n'était pas la sienne, avaient baptisé ce fils du hasard et de l'amour du nom qui lui resta, *Champi*, Championnet. Ce fut lui qui, de ses mains, près de Valence, bâtit l'autel de la Patrie où l'une des premières fédérations (la première peut-être de toutes) se fit en février 90. Cette fédération permanente, et formée en bataillon par les soins de Championnet, reste illustre dans l'histoire (*Premier bataillon de la Drôme*). Avec elle, marcha, combattit, au Rhin, à Rome et à Naples, son chef intrépide, fondateur des républiques d'Italie.

Ah ! touchantes origines ! armées admirables formées par la fraternité elle-même ! Guerres sublimes, sorties de l'amour !... Car, qu'est-ce que demandait la France ? Délivrée, elle voulait délivrer les nations. Elle ne voulait rien pour elle, mais sauver le monde. Elle mérita, dans ces jours, le nom que le grand rêveur anglais avait trouvé, malgré lui, dans un moment prophétique : « La France, le soldat de Dieu ! »

Un orateur de ces temps, une victime illustre de nos orages civils, a dit cette noble et mélancolique parole : « Le monde pleurera un jour d'avoir fait la guerre au peuple qui voulait le bonheur du genre humain. »

Nos armées ne furent point des armées dans ces commencements, mais des *fraternités*, des *amitiés* (pour employer des mots de notre ancienne langue), qui ne prenaient les armes que pour former, en brisant la barrière des rois, l'*amitié* universelle des peuples. Il n'y avait pas de soldats alors, il y avait des citoyens en armes, qui ne faisaient la guerre que pour fonder la paix, commencer la cité du monde.

C'est la beauté de ces temps (déjà antiques et loin de nous !) : *la cité fut l'armée, l'armée fut la cité ;* il n'y eut aucune différence. L'armée n'était autre chose que la Patrie elle-même, combattant, mourant pour les lois.

Si la France, revenue enfin à elle-même, élève à la gloire de ces temps les monuments qui leur sont dus, qu'elle se garde bien d'en fonder d'exclusivement militaires ; qu'elle y réunisse toujours le double caractère, militaire et civil.

Nous pouvons répondre hardiment que, si l'on eût consulté là-dessus les grands généraux de la République, ils n'eussent accepté cet honneur qu'à deux conditions : l'une, qu'avec leur souvenir on honorât celui de leurs vaillants soldats, qu'ils regardaient comme leurs fils ; l'autre, qu'on ne glorifiât pas l'armée seule, qu'on ne l'isolât pas du peuple dans les monuments, pas plus qu'elle n'en fut isolée dans la réalité vivante. « Nous fûmes citoyens, auraient-ils dit, et tels nous voulons apparaître. Ne nous représentez jamais qu'avec le peuple, et mêlés avec lui. Moins de monuments individuels, moins d'orgueilleuses statues qu'on croirait des idoles, mais des monuments collectifs, des groupes fraternels. Nos images sont tristes, isolées sur ces places. Laissez les frères avec les frères. Si nous méritons quelque récompense, qu'on nous permette, à nous qui vécûmes hors de France, qui mourûmes presque tous sur la terre étrangère, de rentrer dans ce peuple que nous avons aimé, de passer avec lui notre immortalité, confondus désormais au sein de la patrie. »

Ouvrons notre légende par celui qui fut à la fois un soldat et un chef, par Latour d'Auvergne, le premier grenadier de la République.

LATOUR D'AUVERGNE

LE PREMIER GRENADIER DE LA RÉPUBLIQUE

LATOUR D'AUVERGNE

I

Corret de Latour d'Auvergne naquit noble; ce n'est pas sa faute. Il ne nous appartient pas moins, il appartient au peuple, à la Révolution. Elle le trouva repoussé de l'ancien régime; elle le créa, elle l'illustra. Il avait près de cinquante ans, et il servait depuis vingt-cinq ans, sans avoir jamais pu obtenir de se battre pour la France. La Révolution arrive, l'invasion nous menace; on le presse d'émigrer. Il répond ces simples paroles : « J'appartiens à la patrie. »

On vit alors un miracle. On vit cet homme

qui avait été malade pendant de longues années, parvenu déjà à cet âge dans une vie d'études et de livres, partir à la tête de nos Basques, devancer ces rudes marcheurs, les premiers du monde, dans des marches continues de soixante heures, tomber sur les Espagnols, par les chemins des chamois, les glaciers, les précipices, prendre tel fort à lui seul, et, par des exploits romanesques qu'on croit lire dans Cervantès, donner à nos soldats novices l'audace qu'ils portèrent bientôt dans la foudroyante armée d'Italie.

Qui dira sa patience, sa bonté, son indulgence pour ces jeunes paysans du Midi, qui étaient alors si loin d'être des soldats? Ils étaient toute sa famille, ses enfants. Il n'en eut pas d'autres. Le bon capitaine aimait tellement ses grenadiers, que plus d'une fois, ayant un congé, déjà parti, à vingt lieues, il s'ennuyait d'être loin d'eux, et revenait sur ses pas.

Le soir, après le combat, il s'asseyait au milieu d'eux, et, pendant un repas d'une sobriété plus qu'espagnole, il les charmait de ses entre-

tiens, leur contait les vieilles guerres, leur
parlait de la France.

Jamais homme ne fut plus aimé. A sa mort,
rien ne put décider l'armée à se séparer de
lui. Elle emporta le cœur de Latour d'Auvergne dans ses marches immenses à travers
l'Europe et dans toutes les batailles. Jusqu'en
1814, ce cœur, dans une urne d'argent, fut
toujours porté, avec le drapeau, à la tête de
la 46ᵉ demi-brigade.

II

Théophile-Malo **Corret** (nommé plus tard
Latour d'Auvergne) naquit en 1743, à Carhais,
petite ville de Basse-Bretagne, au centre même
de la presqu'île bretonne, loin de toutes les
grandes routes. Ce pays, rude, sauvage, très-
romantique, n'a pas peu contribué à lui mettre
au cœur ce profond amour de la Bretagne, qui,
transformé, agrandi, devint celui de la France,
et fut la passion de sa vie, sa seule et unique
passion, de la naissance à la mort.

Son père était avocat, quoique noble et sei-
gneur de l'imperceptible seigneurie de Ker-
beauffret (petit jardin des environs). C'était un
de ces nobles nécessiteux à qui la coutume

indulgente de Bretagne permettait, sans dé-
roger, de plaider, naviguer, faire le commerce, etc. On nomma l'enfant Théophile,
c'est-à-dire *aimant Dieu*, et Malo, en l'honneur
d'un saint essentiellement Breton, de saint
Malo, le patron et protecteur de la ville des
corsaires, qui a donné Duguay-Trouin et tant
d'autres héros de la marine.

Les grandes aventures de ces héros étaient
dans toutes les bouches. Elles avaient créé, en
Bretagne, une tradition de patriotisme vraiment
admirable. Peu d'années avant la naissance
de Latour d'Auvergne, un Breton, M. de Plélo,
avait rempli l'Europe d'admiration par un dévouement inouï. La France avait promis de
soutenir le nouveau roi de Pologne. Un vieux
prêtre qui nous gouvernait, le cardinal Fleury,
envoya un secours dérisoire de quelques cents
hommes qui devaient entrer dans Dantzig as-
siégé d'une grande armée russe. Ils revenaient
honteusement, n'ayant pu entrer. Plélo, alors
ambassadeur en Danemark, vit cette honte, et
déclara qu'il ne pouvait y survivre. Il écrivit
au ministre : « Recevez ma démission. Je

vous recommande mes enfants. » Puis, avec
1,500 Français, il marcha tranquillement contre 40,000 Russes, se fit tuer, et releva l'honneur de la France.

Voilà les traditions qui entouraient le berceau de Latour d'Auvergne.

L'esprit breton, héroïque et romanesque,
parfois peut-être chimérique, nourri au moyen
âge de légendes et de miracles, plus tard des
miracles vrais de la guerre et de la marine,
cherchait au xviiie siècle un nouvel aliment
dans l'érudition. Un avocat, nommé Lebrigant, très-savant, très-ingénieux, fut le maître
de Latour d'Auvergne et le jeta dans cette
carrière.

Lebrigant, esprit systématique, parfois un
peu visionnaire, n'en était pas moins un grand
patriote, profondément dévoué à la Bretagne,
à la France. Éclairé par ce patriotisme, parmi
beaucoup de choses rididules, il dit et prouva
une chose très-vraie, c'est que nos Bretons
d'aujourd'hui, plus qu'aucune autre population,
sont les Celtes et les Gaulois de l'antiquité, que
leur langue est la fille légitime et le rejeton

vénérable de la grande langue celtique, **qui fut** celle d'une partie considérable de l'Europe.

Le tort de Lebrigant, et surtout de ses aventureux disciples, fut d'affirmer la priorité absolue des Celtes sur tous les peuples, de rattacher bon gré mal gré toutes les langues à la langue celtique, de subordonner le monde à la Gaule. Savants hasardeux, ardents citoyens, ils voulaient que leur patrie eût été la mère des langues et des nations, la reine de toute la terre. Entreprise touchante plus encore que ridicule ! Lebrigant et ses élèves, Court de Gébelin, Latour d'Auvergne et autres, faisaient dans l'érudition une sorte de croisade scientifique au profit de la France, soumettant plus de nations à sa langue, à son antique influence, que la croisade révolutionnaire n'en a soumis à son épée.

Latour d'Auvergne suivit cette double tradition de science et de guerre, avec un cœur admirable, une candeur héroïque. Il a aimé la Bretagne, la France ; c'est toute sa vie. Il l'aimait jusque dans ses pierres ; comme son maître Lebrigant, il étudiait à la fois les granits de la Bretagne, ses marbres, et sa langue de pierre, rude et délicate à la fois. Il s'essayait lui-même dans cette langue antique, grave, d'accent pur et fort, et, quand il revenait chez lui, il aimait à voir les paysans danser à ses chansons.

Mais les chants, mais les livres, les recherches d'antiquité, ne suffisaient pas au jeune homme. Cette supériorité de la Bretagne et de la France sur tous les peuples du monde, c'était peu de l'affirmer, il voulait la prouver aussi , à la vieille façon bretonne, par son bras et son épée.

Là, que de difficultés ! Le fils d'un avocat de Basse-Bretagne, tant bon gentilhomme fût-il, avait bien peu de chances dans l'état militaire. Tous les grades se donnaient à la noblesse de cour. On voyait des officiers de quinze ans, gradés pour leur jolie figure. On voyait des colonels de dix ans ; on en voyait au maillot, teter devant leur régiment, à la barbe des vieux grenadiers.

Corret, après avoir fait d'excellentes études à l'école de La Flèche, s'était formé dans l'arme qui fait les bons et solides militaires, dans l'infanterie. Il y resta d'abord treize ans, sans avoir rien qu'une lieutenance, malade presque toujours (par suite d'un accident), traînant tantôt aux eaux de Bade, tantôt aux eaux de Plombières; on était même obligé de le mettre sur un petit charriot; personne, en le voyant là, n'eût deviné que, plus tard, lancé par la Révolution, il étonnerait les Basques eux-mêmes de son agilité dans une guerre de montagnes.

En attendant, de garnison en garnison, il se mourait d'ennui.

III

Seul et sans famille, menant une vie très-pure
(sa correspondance en témoigne), Latour d'Auvergne mettait sa consolation à suivre ses études
bretonnes et à écrire à ses sœurs : l'une mariée à
un avocat ; l'autre qui n'était sa sœur que par sa
mère, et qui ne se maria point. Celle-ci, belle,
vertueuse et bien plus jeune que lui, lui était très-
chère. Elle mourut de bonne heure, et il en resta
toujours mélancolique. Cette perte de la *petite
sœur,* du doux idéal de la famille et de la Bretagne absente, contribua certainement à l'éloignement qu'il montra toujours pour le mariage.

Il avait aussi un frère, véritable saint breton
des vieilles légendes, fort bizarre, qui ne vou-

lait voir personne, et qui, pour être bien sûr
de sa solitude, avait placé son ermitage au lieu
où l'on peut en effet être le plus parfaitement
inconnu, au centre de Paris. Systématique-
ment séparé des hommes, il l'était encore plus
des femmes. La crainte et l'éloignement qu'elles
lui inspiraient touchaient à l'horreur. Il voyait
quatre fois par an sa vieille propriétaire, la
payait, et se sauvait.

Latour d'Auvergne, au bout de treize ans,
bien loin d'arriver à rien, se voyait plus que
jamais reculé, exclu de tout avancement, par
un règlement de Louis XVI qui réservait les
grades aux gens d'ancienne noblesse. La
sienne, ancienne en effet, n'était pas encore
prouvée. Il descendait d'un bâtard du père de
Turenne, et se trouvait, par conséquent, cousin
des Bouillon. Il prit la résolution hardie d'aller
se faire reconnaître par son parent, le riche, le
puissant duc de Bouillon, prince souverain,
qui, en 1781, si près de la Révolution ! avait
encore une cour, des tribunaux, des grands
officiers, disait toujours: « Mes sujets ». C'était
un vrai roi d'Yvetot.

Il ne fallut pas moins que le violent désir que Latour d'Auvergne avait alors de prendre part à la guerre de l'Indépendance américaine, pour le décider à comparaître devant cette ridicule cour.

Le duc de Bouillon la tenait, non à Bouillon, mais à Navarre, vaste et délicieux domaine de Normandie. Le pauvre Corret, mal équipé, sur un mauvais cheval, qui même, dans la route, le blessa par un écart, vint trouver là le petit potentat.

La compagnie brillante, les grands seigneurs, les belles dames, les beaux yeux spécialement d'une ravissante demoiselle qui était à Navarre, tout intimidait le Breton. Ce qui n'ajoutait pas peu à son embarras, il le dit lui-même, c'est que, blessé par son cheval, il ne pouvait s'asseoir sans de mortelles douleurs. Tout cela, loin de lui nuire, lui devint favorable. Le duc le crut ébloui de sa gloire. Ses titres examinés, il le reconnut non-seulement pour son parent, mais, ce que Corret ne demandait pas, *pour son sujet* au duché de Bouillon, pour y jouir, dit-il, « de tous les avantages dont peuvent jouir nos vrais et originaires sujets ».

Reconnu cousin des Turenne, Latour d'Auvergne ne réussit guère mieux. L'impatience le prit. Il demande un congé et part pour le siége de Mahon. Les Français, sous le duc de Crillon, aidaient alors les Espagnols à reprendre Mahon aux Anglais.

Voilà notre homme enfin en pleine guerre, dans son élément naturel, ne se souvenant plus qu'il est malade, étudiant, combattant, passant trois nuits sur quatre au bivouac, toujours en avant à toutes les affaires, déployant, à sa première campagne, les qualités d'un vieux soldat ; c'est le témoignage que lui rend le général : « Froid, clairvoyant aux occasions, répondant en tous points aux qualités admirables et infatigables de la nation espagnole. »

Il avait une valeur calme et sereine, et, si l'on peut dire, aimable et douce. Il faisait, dans sa simplicité, tout naturellement, des actes de la plus grande audace. Crillon, charmé, lui donna un jour l'équipement complet d'un caporal anglais qu'il avait pris de sa main dans les rangs ennemis.

Une autre fois, après une attaque, étant rentré au camp, on s'aperçoit qu'un pauvre diable d'Espagnol est resté blessé sur les glacis de la place. « J'y vais », dit Latour d'Auvergne. Il fallait passer sous le feu de la ville et des vaisseaux. Il s'en va au petit pas, charge l'homme sur son dos, au milieu d'une grêle de balles, et revient tranquillement.

Certes, un tel volontaire ne faisait qu'honneur à la France. Il reçoit du ministre la plus sèche désapprobation de sa démarche, un ordre de rappel. On n'eut aucun égard aux dépenses qu'il avait faites, dépenses bien fortes pour lui. On lui ôta la joie de voir prendre la place.

Même dureté à l'époque du siége de Gibraltar. On lui défendit de s'y rendre. Son chagrin fut extrême.

Condamné à l'éternel ennui des garnisons, tantôt dans les places du Rhin, tantôt aux Pyrénées, il apprenait les langues, le basque, l'allemand ; il les comparait au breton. De la Bretagne, centre et point de départ de ses premières études, il rayonnait au monde, puis ramenait le monde à la France. Il se dédomma-

geait de son inaction par ses voyages scienti-
fiques dans les langues étrangères, insatiable
de conquêtes nouvelles. Dans ses *Origines
gauloises*, qu'il préparait dès lors, il a donné la
comparaison de quarante langues. Malheureusement pour la science, trop passionné dans
ses recherches, il avait beau embrasser tous
les peuples, il ne voyait que la patrie.

Ce qui lui fait plus d'honneur que ses livres,
ce sont ses actes, c'est le grand caractère
d'humanité qu'il montrait dès lors. Capitaine
en second (après dix-sept ans de lieutenance !)
il comprit ses nouvelles fonctions comme une
véritable paternité. Surveillant des travaux
près de Saint-Jean de Luz, il prenait des soldats un soin extraordinaire. Ils n'avaient
qu'une eau de citerne, crue et malsaine. Latour d'Auvergne leur arrangea une fontaine
d'eau douce.

« Il voulait deux bassins (c'est l'ingénieur
des travaux qui parle ici), un bassin pour l'eau
à boire, et l'autre pour laver. Nous réunîmes
dans un réservoir différents filets d'eau dont
plusieurs se perdaient. Il y travaillait souvent

de ses mains, pour que la chose allât plus vite. Il avait ombragé cette fontaine d'une manière agréable, dans le vallon solitaire où elle se trouvait, et il allait souvent s'y livrer à l'étude et à la méditation. »

Un jour qu'il se baignait à la mer, il vit deux soldats entraînés par la marée. Il s'élança et faillit se noyer. Heureusement on les sauva tous.

C'est là, aux Pyrénées, que le trouva la Révolution, et que les officiers de son régiment le pressaient d'émigrer. Nous avons dit sa belle réponse. Si nous en croyons son dernier biographe (hostile cependant à la Révolution), il y eût ajouté un mot fort sévère pour les émigrés : « Périssent les lâches qui abandonnent le pays, au moment du péril ! »

IV

Le patriotisme de Latour d'Auvergne eut
tout d'abord une belle récompense. On l'envoya
aux Alpes ; et là, au lieu de guerre, il eut le
plus touchant spectacle qu'ait peut-être offert
la Révolution, l'élan de la Savoie se jetant aux
bras de la France.

Jamais deux frères séparés par le temps et
l'absence, réunis tout à coup par un miracle
inattendu, n'eurent un pareil embrassement,
de telles étreintes. A l'encontre de nos canons,
ils roulaient des voitures de vin, des arbres de
liberté, chargés de rubans, de guirlandes ; les
femmes et les enfants désarmaient nos soldats,
leur arrachaient le drapeau tricolore, et di-

saient : « C'est le nôtre ! » Soixante mille Savoyards à la fois descendirent des montagnes, chantant la *Marseillaise*. Français et Savoyards pleuraient.

Il n'y avait rien à faire pour un soldat du côté de la Savoie. Latour d'Auvergne retourna aux Pyrénées.

Notre situation n'y était pas brillante. C'était une armée toute novice, de volontaires, de gardes nationaux. Grand exercice de patience. Les jeunes paysans qu'on amenait là étaient quelque peu étonnés de cette guerre de montagnes sauvages dans les sentiers des chèvres, et de l'ennemi plus sauvage qu'on y rencontrait. Le bon Corret les ménageait beaucoup, les habituait peu à peu. Il se faisait prudent, timide quelquefois, pour les faire hardis.

Sa manière ordinaire de combattre et de les aguerrir était tout simplement de marcher en avant, tête nue, le manteau et le chapeau sur le bras, à vingt pas plus loin que la troupe, disant : « Allons d'abord jusqu'à cet arbre. S'ils sont plus forts, nous reviendrons. »

Il recevait, paisible, une grêle de balles,

son manteau était criblé, lui jamais blessé.
Il se retournait alors en souriant. Mais déjà
tous s'étaient élancés et couraient ; c'était à
qui le rejoindrait plus tôt. « Le capitaine,
disaient-ils, sait charmer les balles... »

Il ne portait sur lui d'autre charme que des
livres, sa grammaire bretonne qu'il ne quittait
guère. Il l'avait volontiers sur sa poitrine, entre le linge et la peau. Excellente cuirasse.
Les balles espagnoles, sur la rude grammaire,
semblaient rebrousser, s'amortir.

Pour la singularité, le grand cœur, la bonté,
l'audace romanesque, notre héros tenait un
peu, nous l'avons dit, de celui de Cervantès. Il
est incroyable, mais vrai et certain, qu'il prit
à lui seul la place de Saint-Sébastien.

Il se jette dans une barque avec une pièce
de huit, monte lui-même à la citadelle, inti-
mide le commandant, se donnant pour l'avant-
garde de toute l'armée française. « De grâce,
dit l'Espagnol, pour sauver l'honneur, tirez au
moins un coup de canon. » Il lui accorda cette
grâce, tira sa petite pièce, et reçut en échange
une immense volée de boulets et de mitraille.

L'Espagnol fut tout surpris de le voir revenir en vie le sommer de tenir sa parole. Il lui remit la citadelle.

Les Basques qu'il avait à conduire étaient, il est vrai, admirables pour cette guerre d'aventure. Dès qu'ils avaient senti la poudre, habitué leurs oreilles au bruit, Latour d'Auvergne leur faisait faire des choses fabuleuses.

— « Vous voyez bien, leur disait-il, ce pic inaccessible... Nous y ferons une batterie. » Et ils en venaient à bout. Les Espagnols voyaient les boulets leur tomber des nuages.

Une fois, à l'attaque d'une maison crénelée, les siens étaient criblés de coups qu'on tirait par les meurtrières : « Faisons comme eux, » dit-il. Les Basques n'hésitent pas à obéir, ils passent de leur côté leurs fusils dans les meurtrières ; les deux partis tiraient à bout portant.

Un jour que l'armée battait en retraite, il prend cent cinquante hommes résolus, et, dans un passage étroit, il arrête, en deux heures, trois mille Espagnols.

L'acte le plus audacieux de cette guerre fut

le passage du val d'Aran. L'entrée en était
obstruée par les neiges. Elles avaient comblé
de profonds précipices ; puis la gelée était venue dessus, cette croûte de glace faisait voûte.
Il s'agissait de savoir si l'on se hasarderait sur
ce pont dangereux. Il pouvait fondre sous le
poids, ou sous un rayon de soleil ; on descendait alors dans des gouffres sans fond. Il fit
sonder la glace, puis passa gaiement le premier. Tout le monde passa.

Latour d'Auvergne avait une chose heureuse
pour une guerre d'Espagne, et dans ces temps
de famine : il ne mangeait pas. A peine prenait-
il un peu de pain ou de lait. Sa sobriété effrayait
les Espagnols ; les Français n'osaient avoir
faim. Leur dénûment était extrême ; mais comment se plaindre en voyant toujours marcher
en avant le bon capitaine, qui allait à pied et
laissait son cheval aux plus fatigués ?

Un représentant du peuple, touché de ses
grands services, lui offrait de parler pour lui.
« Eh bien ! dit Latour d'Auvergne, si vous êtes
tout-puissant, demandez pour moi... — Quoi ?
un régiment ? — Non, une paire de souliers. »

Appelé fréquemment au conseil par les généraux, et leur donnant les plus sages avis sur cette guerre d'Espagne qu'il savait à merveille, il était naturel que Latour d'Auvergne eût un grade supérieur. Rien ne put le décider à quitter sa position de capitaine, modeste, mais favorable pour agir immédiatement sur le soldat.

On l'obligea néanmoins à réunir sous lui tous les grenadiers de l'armée, au nombre de huit ou neuf mille, pour les former et les instruire. Un homme si aimé n'avait aucun besoin d'autorité. Il suffisait, pour leur instruction, qu'il vécût devant eux. Il ne les quittait jamais, mangeait avec eux, vivait avec eux ; le soir, il les nourrissait de ses récits. Le matin, avant l'aube (car il dormait très-peu), on le voyait aller, venir, avec ses livres et son sabre, et visiter les sentinelles.

V

La guerre d'Espagne finie, après tant de fatigues. Latour d'Auvergne voulut faire un tour en Bretagne, et, pour se reposer tout en étudiant, il s'embarqua. Le bâtiment fut pris par les Anglais.

Ceux-ci, fort rudes pour les prisonniers, les appelant tous jacobins, leur arrachaient brutalement leur cocarde tricolore. Latour d'Auvergne sortit de sa douceur habituelle. Il prend la sienne, l'enfile de son épée jusqu'à la garde : « Maintenant, dit-il, venez la prendre ! »

Il n'y eut pas moyen de la lui faire quitter. Il aima mieux être enfermé, dans sa longue captivité de dix-huit mois, que d'être, à ce prix, comme d'autres, prisonnier sur parole.

Et non-seulement il garda, avec une noble obstination, les insignes de la liberté, mais, en prison, il ne perdit aucune occasion de confesser hautement sa foi révolutionnaire. Aux nouvelles de nos victoires, il se faisait des fêtes à sa manière, et, pour les célébrer, entonnait fortement les chants de la Révolution.

Infatigable travailleur, là même, dans cette prison mélancolique, aux extrémités du pays de Galles, Latour d'Auvergne poursuivait stoïquement ses études. Ce fut une joie pour lui, dans son chagrin, de remarquer l'identité des idiomes gallois et bretons ; peuples frères, que l'Océan, les guerres ont malheureusement séparés.

Riche d'étude et très-pauvre d'argent, il sort enfin. Mais que de changements ! Voilà le Directoire, l'affaissement de la France ; voilà à l'horizon un astre inconnu qui paraît, astre nouveau, peu rassurant, hélas ! pour l'ami de la liberté !

Chose triste, et qui peint ces temps : dans l'organisation nouvelle, Latour d'Auvergne ne trouva plus sa place.

Il fut mis à la retraite.

Pauvre, à Passy, il vécut seul, sans domestique ; il se servait lui-même. Il publia enfin ses fameuses *Origines gauloises*, la pensée de sa vie.

Le duc de Bouillon, son protecteur d'autrefois, aujourd'hui protégé par lui, et rayé à sa prière de la liste des émigrés, rougissait de le voir dans cette grande pauvreté. Il voulait lui faire accepter le revenu d'une terre de dix mille livres de rentes. Qu'en aurait-il fait, lui qui vivait avec deux sous de lait par jour ? Il refusa.

Ce ne fut même pas sans peine que le ministre de la guerre, le sachant dans le besoin, lui fit accepter un secours militaire. Il voulait lui donner quatre cents francs. « C'est trop, dit Latour d'Auvergne, donnez-moi cent-vingt francs ; si j'ai besoin, je reviendrai en reprendre un autre jour. »

VI

Quelle que fût la pauvreté de Latour d'Auvergne, son amour pour la science et sa passion toujours jeune pour nos antiquités nationales semblaient devoir le rendre heureux. Ce fut avec étonnement qu'on le vit, à cinquante-quatre ans, quitter sa studieuse retraite, et, sans demander aucun grade, s'engager comme soldat.

Il prit rang, comme grenadier, dans la 46ᵉ demi-brigade.

Le secret de son départ, c'est que le dernier fils de son ami, de son maître dans les études celtiques, Lebrigant, allait être enlevé par la conscription. Latour d'Auvergne partit à sa place.

Lebrigant avait eu vingt-deux enfants, et celui-là seul lui restait. Le vénérable savant, parvenu à soixante-dix-sept ans, cruellement éprouvé dans la Révolution, où il avait montré un caractère magnanime, restait isolé sur la terre. Il se voyait sans appui, sans secours, si on lui enlevait ce dernier-né de sa vieillesse. Latour d'Auvergne ne le permit pas.

Nul doute que les graves circonstances où la France se trouvait alors n'aient aussi contribué puissamment à sa détermination. Les dangers extérieurs étaient toujours grands ; et celui du dedans était plus grand encore. Une atonie extraordinaire se faisait sentir depuis la Terreur. Une réaction déplorable d'égoïsme, de corruption, énervait la République et la rendait incapable de résister à l'insolence de ses ennemis rassurés. Aucun temps, plus que celui-là, n'eut besoin d'exemples de vertus austères. Latour d'Auvergne en jugea ainsi, et partit, comme soldat, non dans la brillante armée d'Italie, où pourtant se trouvaient alors la plupart de ses grenadiers de l'armée d'Espagne, mais dans la sage, la sérieuse, la républicaine armée du Rhin, celle qui conservait le mieux la tradition des premières armées de la République.

VII

L'armée du Rhin, avec moins d'éclat, aida tous les succès de l'autre. Pour ne parler que d'un fait, la campagne d'Italie, en 96, aurait-elle été possible, si l'héroïque Desaix n'avait retenu six mois sur le Rhin l'archiduc Charles et la meilleure armée de l'Autriche, devant cette bicoque de Kehl, se laissant patiemment écraser jusqu'au dernier homme de sa petite garnison, pendant que Bonaparte, libre, faisait la guerre à coups de foudre, courait l'Italie en vainqueur, faisait, défaisait les États, les royautés, les républiques?

Latour d'Auvergne fut rendu un moment au

4.

repos, à son cabinet de Passy, par la paix de Campo-Formio. Mais cet admirable citoyen ne put entendre, sans y répondre, l'appel du danger de la France, en 1799.

Le désordre de l'administration, le dénûment des armées étaient incroyables. Une nouvelle coalition plus terrible s'était formée, augmentée des Russes. L'ogre Suwarow, le célèbre général des massacres de Pologne, avançait vers nous. Le sage Directoire avait déporté en Égypte la victorieuse armée d'Italie, sans avoir sur mer aucune force sérieuse pour la soutenir ou la ramener. Une grande partie des généraux de la République avaient déjà disparu. Latour d'Auvergne, devenu un vieillard, fort affaibli de la poitrine, alla se mettre aux ordres de Masséna, et fit sous lui cette rude campagne de Suisse, qui sauva la France par la bataille de Zurich.

Là il eut une bonne fortune. Les Russes, ayant repris Zurich, s'y faisaient écraser sans vouloir se rendre ; nos soldats, irrités de leurs injures et de leurs défis, allaient les massacrer tous ; Latour d'Auvergne les arrêta ; cette générosité

inattendue calma la fureur des Russes ; ils se
résignèrent à accepter la vie.

Bonaparte revient d'Égypte. La République
est enterrée au 18 brumaire. Le premier consul,
qui cherchait à honorer par quelques noms populaires le nouvel ordre de choses, imagina de
faire nommer par son Sénat le vieux grenadier
membre du Corps législatif. Quelque simple
qu'il parût, Latour d'Auvergne n'était pas de
ceux qu'on pouvait absorber ainsi. Il refusa
modestement, sans faste et sans phrase : « Je
ne sais pas faire les lois, dit-il ; je ne sais que
les défendre. »

Le nouveau gouvernement voulait l'atteindre
à tout prix. Le premier consul avait à cœur de
montrer qu'il n'était nullement antipathique aux
noms historiques de la vieille France. Le ministre
de la guerre (c'était encore Carnot), toujours républicain de cœur sous la monarchie naissante,
voulait honorer dans Latour d'Auvergne l'héroïsme républicain. Il le nomma, sans l'avertir,
premier grenadier des armées de la République.

Quand cette pierre lui tomba, Latour d'Auvergne donna les signes d'un chagrin nullement

feint, mais vrai et sincère. Il avait réussi jus-qu'alors à éluder l'avancement ; il avait esquivé tout ce que recherchent les autres, grades, honneurs, distinctions. Il avait espéré mourir simple soldat de l'armée.

Dans deux lettres admirables, l'une écrite à un camarade, l'autre à son imprimeur breton :

« Tout me fait un devoir, dit-il, de m'excuser d'accepter un titre qui ne me semble applicable à aucun soldat français, surtout au soldat d'un corps où il n'y eut jamais ni premier ni der-nier... Je suis trop jaloux de conserver des droits à l'estime de ces braves et à leur amitié, pour consentir à aliéner de moi leur cœur, en blessant leur délicatesse. Les voies où j'ai mar-ché ont toujours été droites et faciles... »

« Vous me félicitez, dit-il encore ; mais ja-mais je n'ai eu plus besoin de consolation... Cette palme eût dû toujours rester flottante sur tous les guerriers français...J'attendais de mes services, si l'on y ajoutait un jour quelque prix, ou l'oubli, ou du moins qu'on ne se les rappelât qu'à ma mort. »

Une grande mélancolie l'avait pris dans les

derniers temps. L'âge, la santé, l'isolement y étaient pour quelque chose sans doute ; il était né pour toutes les affections douces, et il avait vécu seul. Sa vive imagination bretonne et sa grande tendresse de cœur ne lui laissèrent jamais de repos, il le dit lui-même. Il arrivait à la vieillesse, il allait emporter au tombeau ses passions tout entières. On ne lui connut qu'un amour, la France. Mais alors, que devenait-elle ?

Toute la gloire des batailles pouvait-elle consoler ceux qui, témoins de la grande aurore, avaient vu la prise de la Bastille, les fédérations de 90, le départ de 92, les peuples venant à la rencontre de nos armées fraternelles !... Une génération nouvelle arrivait qui se souvenait peu de tout cela ; des hommes d'impatiente ambition, qui voulaient la guerre pour la guerre, qui, loin de se rappeler les leçons de l'égalité, ne rêvaient que distinctions. Déjà on ne parlait plus que de titres honorifiques, on en inventait de nouveaux, on recherchait les anciens. Les pauvretés monarchiques revenaient avant la monarchie même.

S'il y avait encore souvent des mœurs et des idées de la République, c'était à l'armée du Rhin.

Latour d'Auvergne alla y mourir

« Le gouvernement me comble, écrit-il ; il croit que je vaux encore un coup de fusil ; il m'a jeté le gant ; en bon Breton, je l'ai relevé, je pars. A cinquante-sept ans, la mort la plus désirable est celle d'un soldat sur le champ de bataille, et j'espère l'obtenir... L'armée est ma famille, et c'est au sein de ma famille que je vais mourir. Toujours en paix avec ma conscience, j'ai joui du seul bonheur que l'on puisse goûter en ce monde. Rappelez-vous Latour d'Auvergne, cher camarade, rappelez-vous sa tendre amitié ! »

Il lègue à l'ami auquel il écrit ainsi la tasse dans laquelle il buvait à l'armée des Pyrénées ; il donne ses manuscrits à un autre ; et, sûr de ne pas revenir, il distribue tout ce qu'il a. Son premier soin fut d'assurer une rente de 600 francs qu'il faisait à une pauvre famille.

VIII

L'armée du Rhin, sous Moreau, venait de
passer le fleuve et d'entrer en Bavière. Latour
d'Auvergne, à peine arrivé dans sa chère Quarante-Sixième, en prit avec lui deux cent cinquante grenadiers pour déloger neuf cents
Russes d'une forte position. Il attaqua à la
baïonnette, et, après une lutte acharnée,
emporta le poste et les mit en fuite.

Le 27 juin (1800), le général poussant vivement l'ennemi, sans l'avoir reconnu d'abord,
s'aperçut qu'il était retranché sur les hauteurs
d'Unterhausen. Un corps français fut repoussé
avec des pertes cruelles. Un second corps, sous
Lecourbe, vint le dégager La Quarante-Sixième

en était, et en tête marchait Latour d'Auvergne, en silence, et sans tirer, sous le feu exterminateur de huit pièces de canon. Au moment où les hulans viennent au galop fondre sur les nôtres, il croise la baïonnette. Une lance lui perce le cœur...

Ce fut un deuil universel. Il n'y eut guère de vieux soldats qui ne pleurassent, et les plus malades furent ceux qui ne pleurèrent pas.

On répétait qu'il avait dit : « C'est bien, je meurs satisfait... Je voulais périr ainsi. »

On ramassa tout ce qu'on put trouver de lauriers, et on l'enveloppa de lauriers et de feuilles de chêne. Ses grenadiers le déposèrent dans la terre d'Allemagne, ayant soin de le poser, *comme ils l'avaient toujours vu en son vivant, faisant face à l'ennemi.*

IX

Ceux qui croient à l'efficacité de l'intervention des saints peuvent se recommander aux mérites de Corret de Latour d'Auvergne, et dire, l'invoquant comme patron : « Saint Corret, priez pour nous ! »

Y a-t-il, en effet, vie de saint dans la *Légende dorée*, parmi tant de fictions imaginées pour obtenir un parfait idéal de sainteté, qui atteigne aussi bien ce but que l'incontestable histoire de cet homme, notre contemporain, que plusieurs vieillards qui vivent encore ont vu et entendu.

Il a failli rétablir dans l'armée la superstition des reliques. Les soldats ne pouvaient se décider à s'en séparer ; ils demandèrent et obtinrent que son nom serait toujours inscrit à la tête du contrôle, et que son cœur leur resterait. L'armée tout entière donna un jour de sa solde, et, de cette contribution spontanée, on acheta une boîte d'argent, qui, couverte de velours noir, fut toujours portée à la tête de la première compagnie de la Quarante-Sixième demi-brigade.

De cette façon, le bon capitaine continua de suivre l'armée, au milieu de ses camarades. Il restait là sous le drapeau, et ne manquait pas à l'appel. Toutes les fois qu'on l'appelait, le plus ancien grenadier répondait pour lui : « Mort au champ d'honneur. »

Latour d'Auvergne a été enterré non loin de la place où son ancêtre Turenne fut frappé à mort, non loin de celle où Marceau, son jeune camarade, a trouvé aussi son tombeau. Hoche n'est pas mort bien loin de là ; non plus que Meunier, le célèbre général de l'Académie des sciences.

Ainsi la France républicaine semble avoir voulu, pour consacrer sa frontière, enterrer sur les bords du Rhin tout ce qu'elle eut de

meilleur. Ses plus illustres guerriers, elle les
a déposés là. Elle les montre à l'Allemagne..

Leurs restes glorieux sont des reliques communes.

Ils appartiennent au monde tout autant qu'à
la France, ces généreux combattants du droit.
Si l'on eût ouvert leurs cœurs, on y eût moins
trouvé la guerre que la justice et l'humanité.

LES GÉNÉRAUX

DE LA RÉPUBLIQUE

LES GÉNÉRAUX DE LA RÉPUBLIQUE

I

J'ai dit ailleurs la situation pénible, douloureuse, sublime, où la France se trouva en 92.
Une richesse immense de forces morales, une
pauvreté effrayante de moyens matériels. Plus
d'un an avant la guerre, six cent mille volontaires s'étaient inscrits pour partir, des millions d'homme demandaient des armes. Ni
armes, ni argent, ni pain, ni souliers. Aux
premiers mois de 93, il y avait au Trésor
trente millions, et en papier !

Il fallait les héros du devoir pour triompher

des difficultés qu'eut à subir la France alors. L'élan immense de ce moment sublime fait trop souvent perdre de vue les obstacles réels que rencontrèrent les chefs du peuple armé. Obstacles surhumains ! il ne s'agissait de rien moins que de discipliner l'océan même en pleine tempête, d'organiser la foudre, de rendre harmonique et docile la lave échappée de l'Etna !

Les nations oublient si vite qu'on se figure la France, en ces premiers temps, telle qu'elle fut au bout de vingt années de guerre.

On parle des premières campagnes comme si les généraux d'alors avaient eu sous la main le magnifique et docile instrument des victoires de l'empire, comme si tout d'abord était sortie de terre la parfaite armée d'Austerlitz.

Ils firent de grandes choses, souvent avec peu de moyens, souvent avec des foules qui n'étaient nullement des armées, avec des populations toutes neuves à la guerre, frémissant d'un souffle de liberté indomptable, ne respirant qu'égalité.

Eux-mêmes ils la voulaient, l'égalité, plus

que personne. Ils mangeaient le pain du soldat. Les vins, les choses délicates, tout ce
qu'on leur offrait, ils l'envoyaient aux hôpitaux. Leur désintéressement va à un point qui
nous fait sourire aujourd'hui. Hoche, général
de trois armées, dictateur de la Vendée et
de la Bretagne, étant malade de ses fatigues,
se croit tenu d'écrire au Directoire qu'il prend
quelques livres de sucre aux magasins immenses délaissés sur la plage par l'expédition des
Anglais.

Nous venons de montrer le modèle de la simplicité républicaine, Latour d'Auvergne, qui
évita l'avancement, éluda tous les grades et
réussit à n'être rien. Plus tard, le général
Desaix ne voulut jamais commander qu'en second. Kléber refusa plusieurs fois le rang de
général en chef ; en Vendée, il le fit donner à
son ami le jeune Marceau, lui laissant tout
l'honneur, ne partageant que le péril et la responsabilité.

Pourquoi ces généraux de la jeune République recherchaient-ils si peu l'autorité? C'est qu'ils l'avaient en eux. Ils commandaient par un don de nature, et comme ayant pouvoir du ciel. L'amour, l'admiration, entraînaient les masses après eux ; le respect de leurs vertus, de leur grand cœur, leur figure héroïque. Tout homme était saisi, ravi à la vue du général Hoche ; les plus braves se troublaient au regard de Kléber.

Mais cette puissance même leur créait un péril. Quelle n'était pas la sombre défiance des représentants du peuple, des hommes de la loi, quand, venant aux armées, ils les voyaient adorant ces héros et ne voulant plus voir la patrie qu'en eux seuls ; et eux, commandant par l'amour, ayant comme supprimé l'autorité par une si grande autorité morale, maîtres sans l'avoir cherché, et rois involontaires ! On ne comprend que trop les craintes des jaloux amants de la liberté.

De là, trop souvent, incertitude de la direction politique. De là, défiance excessive du pouvoir civil pour le pouvoir militaire : on lui ordonnait d'agir et on le tenait lié ; on le lançait, à la chaîne, pour être toujours à même de le tirer en arrière. De là enfin, une infinité de faibles et faux mouvements, de tentatives avortées.

Puis, au commencement, n'avait-on pas eu raison d'être défiant pour les généraux, lorsqu'on les avait vus se mettre au-dessus des lois, lorsque M. de La Fayette quittait son armée pour venir gourmander l'Assemblée nationale ; lorsque Custine et Dumouriez, laissant le rôle de généraux pour celui de diplomates, négociaient avec l'ennemi ; lorsque Dumouriez, enfin, devenu ennemi lui-même, prétendait amener à

Paris son armée, avec l'armée autrichienne, contre la Convention ? Dumouriez, homme de tant d'esprit et de si peu de cœur, ne pouvait, en effet, rien comprendre à cette armée admirable. Il la savait homme par homme, il la menait à merveille, et il ne la connaissait pas. Les origines naïves, héroïques et simples de cette armée étaient chose inintelligible au vieil intrigant, à l'ancien agent de Louis XV.

Mais les vrais fils de la Révolution ne méritaient pas ces soupçons cruels, que leur vue seule devait dissiper.

Je me rappelle un fait superbe de Kléber, qui montre toute la force qu'il puisait dans son noble cœur contre ces défiances.

C'était en pleine Vendée, dans l'horreur de cette guerre affreuse, parmi les trahisons. Les représentants du peuple, vrais et purs patriotes, mais peu au fait des choses de la guerre, avaient écouté trop facilement d'infâmes accusations et soupçonné Kléber lui-même. Il ne s'agissait pas moins que de l'enlever la nuit et de l'envoyer au tribunal révolutionnaire. On l'avertit. Il haussa les épaules. Sans peur, mais

plein d'indignation, il s'en va à minuit, entre
tout droit, sans avertir personne, chez les représentants. Ils ne se couchaient point. Il les
trouve tout habillés, étendus sur un canapé,
dans la plus pénible rêverie. La chambre était
peu éclairée. Kléber, sans dire un mot, se pro-
mène de long en large, enveloppé de son
manteau. Sa noble et fière figure, qui portait
la tête si haut, les fit rougir d'avoir un moment
douté d'un tel homme. Au bout de dix minutes,
ils se lèvent émus, et, lui prenant la main :
« Allons, Kléber, vive la République ! »

III

Ce n'était pas sans cause que l'on craignait pour l'avenir le pouvoir militaire. Mais on se trompait alors en ne voyant dans ces généraux que les hommes de la guerre. Leurs écrits, leurs paroles, tout ce qui reste d'eux, montre (nous l'avons dit) qu'ils furent citoyens avant tout, obéissant aux lois jusqu'à la mort. Ils leur auraient sacrifié plus que la vie, l'honneur vulgaire du monde. Un fait pour expliquer ceci.

Un des plus braves généraux de ces temps, Leveneur, fort dévoué à La Fayette, avait eu la faiblesse de le suivre à son départ. A quelques lieues, le bon sens lui revint, il retourna à son poste. En punition, on le refit soldat. Sans mur-

murer, il quitta l'épée, prit le sabre de simple hussard, et, par sa brillante valeur, remonta peu à peu, redevint général. C'est l'ami, le maître de Hoche.

Personne plus que Hoche ne proclama la dépendance du pouvoir militaire, la haine de ses abus, la souveraineté de la loi. Apprenant qu'un de ses officiers vexait l'autorité civile, il lui écrivit ces grandes paroles, qui sont un de ses titres, et qu'on eût pu écrire sur son tombeau : « Fils aînés de la Révolution, nous abhorrons nous-mêmes le gouvernement militaire. » Et il destitua l'officier.

Ce n'étaient pas des protestations vaines. Dans les vastes contrées entre Rhin et Moselle qu'il gouverna un moment, il se hâta de limiter son autorité, de supprimer le gouvernement militaire et d'organiser un pouvoir civil indépendant du général.

Forcé de lever des contributions, il les levait par les magistrats du pays, les faisait ainsi juges eux-mêmes et de la nécessité et de la juste mesure où ces contributions de guerre remplaçaient les anciens impôts, en laissant un grand bienfait, la justice égale, la suppression des priviléges.

Ainsi firent Kléber, Marceau, Desaix, **cette** grande armée du Rhin, l'honneur éternel **de** la France. Privée de tout en 93, l'hiver, et mourant de faim, elle fusilla un soldat qui avait pillé.

Cet esprit d'abstinence et de ménagement pour les peuples avait souvent fait adorer les nôtres. Exemple : Marceau, Desaix, Championnet, libérateur de Naples.

Excepté Pichegru en Hollande, tous furent fidèles à **cet** esprit, surtout par zèle de propagande républicaine, considérant la guerre comme un apostolat de la liberté. Dugommier, dans l'aride dénuement des Pyrénées, Masséna et Schérer, dans les Apennins décharnés de Gênes, subirent d'affreuses privations pour ne pas changer de système, pour ne pas décourager l'éveil de la pensée républicaine qui se faisait en Italie. Ils ne demandaient qu'à la France. Schérer, par ses demandes incessantes, était l'horreur des bureaux. Il donna sa démission.

La fraternité qu'ils avaient pour l'étranger, il va sans dire qu'ils l'avaient entre eux. Le respect de Marceau pour Kléber, Kléber le rendait à Canclaux. La défense morale, la cordialité mutuelle fut admirable dans l'armée du Rhin. Elle vivait d'une même âme. Tous ses chefs, Dubayet, Vimeux, Haxo, Beaupuy, Kléber, furent un faisceau d'amis. Joignons-y leur représentant chéri, Merlin de Thionville, toujours à l'avant-garde, et qui ne se fût pas consolé de manquer un combat.

IV

Une chose bien remarquable alors, c'est
que ce sont surtout les très-grands militaires
qui semblent les plus pacifiques. Hommes admirables à qui la guerre apprit surtout la haine
de la guerre

Comment s'en étonner, lorsqu'on voit que
la vocation de plusieurs de ces grands hommes
de guerre ne s'annonça nullement par un ju-
vénile élan militaire, mais par un mouvement
de justice et d'indignation contre l'iniquité?

Celui que les soldats ont appelé le dieu
Mars, Kléber, malgré sa force et sa taille co-
lossale, ne se destinait point à la guerre. Il
entrait dans une carrière civile, étudiait l'ar-

chitecture, lorsqu'un jour, à Paris, il voit dans un café deux très-jeunes étrangers, inoffensifs et timides, qu'insultait un bretteur, un de ces bravaches qui passent toute leur vie dans l'escrime, font un jeu d'insulter, sauf à tuer pour réparation.

Cette lâche brutalité, cette inhospitalité honteuse pour notre nation, blessa le grand cœur de Kléber. Il prit le parti des jeunes étrangers, le parti même de la France dont on compromettait l'honneur. Il déclara que la querelle était sienne, et obligea le faux brave qui provoquait des enfants d'avoir affaire à un homme. Les parents des jeunes étrangers, qui apprirent la chose, furent touchés de cette générosité, et firent entrer Kléber dans une école militaire de l'Allemagne ; faveur rare et singulière qu'il n'eût pas obtenue en France, où Louis XVI venait d'interdire tout rang d'officier à ceux qui ne pouvaient prouver quatre degrés de noblesse.

Hoche eut une affaire analogue. Soldat aux gardes françaises, il voyait ses camarades vexés par un sous-officier délateur et spadassin,

Il prit pour lui la querelle commune, et, bravant ce double péril, il punit le misérable.

La protection des faibles, l'amour des petits,
était leur instinct et leur lot à ces chevaliers
du droit nouveau. Un jour, Kléber et Marceau,
dans cette affreuse Vendée, traversant un pays
brûlé, désert, dont la population était en fuite,
aperçoivent dans un buisson un berceau renversé. Ils approchent, ils y voient deux toutes
petites filles. Filles et berceau, ils emportèrent
le tout, malgré un long trajet, jusqu'à la
première ville. Les enfants arrivèrent dans
les bras de ces étranges nourrices. On re-
trouva par bonheur les parents, riches meu-
niers de la contrée ; dans une fuite précipitée,
nocturne, le berceau était apparemment tombé
d'une voiture ; on pleurait les enfants qu'on
croyait perdus.

L'aspect terrible de cette Vendée avait frappé
au cœur ces deux héros. On le voit dans les notes de Kléber, qu'il écrivait, le soir, après les
marches et les combats du jour.

Quand on lit ces notes touchantes, quand on
lit les lettres *humaines*, profondément humai-

nes, qu'écrivent Hoche, Desaix et Marceau, on pense aux notes de Vauban, même à celles que Marc-Aurèle écrit dans les forêts de Pannonie, dans la guerre des Barbares.

Marceau écrit à sa sœur : « Ne parle pas de « mes lauriers ; ils sont trempés de sang hu- « main ! »

Ce mot semble se lire dans la belle gravure qui représente Marceau sous Coblentz, sa gloire et sa conquête, c'est-à-dire bien près de sa fin. Ses rudes soldats apparaissent, à travers le brouillard du Rhin, le long des retranchements. Le héros, amaigri par l'excès des fatigues, est svelte et un peu grêle ; dans ses yeux doux, tristes et sauvages, on sent un cœur bien atteint ; il a quelque chose de fantasmagorique ; il fait l'effet d'une ombre, comme celui qui a trop vu les morts et qui leur appartiendra bientôt.

En écrivant ces légendes, je les avais ainsi toutes autour de moi, ces touchantes images des fils légitimes de la République, de ses grands défenseurs, qui, nés d'elle, moururent avec elle (Marceau, Hoche, Kléber, Desaix).

Médiocres portraits, mais ressemblants ; naïves, imparfaites images, dessinées à la hâte par des amis ardents qui tremblaient de les perdre, et d'avance volaient à la mort une ombre de ces hommes adorés.

Le soir, lorsque le jour avait baissé sans disparaître encore, je posais la plume et marchais en long, en large, au milieu d'eux. Leurs images pâlies me disaient bien des choses. Leurs traits se marquaient moins ; mais d'autant plus en eux, dans ces ombres imposantes, je sentais le vrai fond, l'âme commune des masses qu'ils ont représentées. Ils ne furent pas des hommes seulement, mais en réalité des armées tout entières. Ils en eurent la grande âme. Ils en furent à la fois et les pères et les fils.

Et quand parfois, en les regardant, je me demandais ce qui faisait la tristesse de ces fiers et doux visages :

« Ce n'est point, me disaient-ils, notre mort précoce, notre destin inachevé. Notre vie courte n'en fut pas moins entière. Nous fûmes les soldats de la loi, nous mourûmes avec la République. De quoi nous plaindrions-nous ? Ce qui

met sur nos visages le nuage que tu vois, c'est
que nous ne sommes pas morts tranquilles ;
nous avons entrevu déjà qu'on ne continuerait
point. Nous avons vu commencer ce qui nous
fut odieux, l'adoration du succès et la religion
de la force. »

DESAIX

DESAIX

I

Desaix de Voygoux naquit près de Riom,
en 1768. Le pays et la race furent forts en lui,
et il leur dut beaucoup. Il appartient vraiment
à ce peuple vigoureux, honnête, laborieux entre tous, résigné aux rudes travaux. Mais l'Auvergne jamais ne fit un plus grand travailleur.
Dans sa courte vie, dont chaque jour fut un
combat, il a eu le temps d'écrire encore beaucoup sur toute matière, sur la guerre, sur
l'histoire, sur les lieux où il combattait.

Né, élevé au pied du Puy-de-Dôme, il garda

parmi les batailles un doux et calme sentiment de la nature. Une de ses études favorites était la botanique. C'était un goût d'enfance, un souvenir sans doute de ses premières années passées près de sa mère, dans cette bonne Limagne, au petit manoir de Voygoux.

Cette famille était de petite noblesse de province, plus estimée que riche, et l'enfant fut élevé dans une sage médiocrité de goûts et d'habitudes ; d'où cette vie sobre et pure. Ses maîtres, les oratoriens (au collége d'Effiat), contribuèrent sans doute aussi à continuer en lui ces dispositions d'une nature modérée et modeste.

Il n'aima qu'une fois, et il étouffa son amour, pour ne pas déplaire à sa mère.

Nul doute que, si la Révolution n'était venue, Desaix serait resté ce qu'il était, un officier obscur. Il était entré sous-lieutenant à quinze ans, en 1783, au régiment de Bretagne. L'Auvergnat comme le Breton, Desaix comme Latour d'Auvergne, serait resté là sans rien demander et n'aspirant qu'à n'être rien.

Sous cette surface infiniment modeste, il y avait pourtant (nul ne l'eût deviné) un homme ferme, d'idées très-arrêtées, et ne cédant jamais sur ce qu'il croyait juste.

La Révolution vient. Au grand étonnement des siens, qui lui auraient voulu plus d'ambition militaire, Desaix demande et obtient une place dans l'administration, celle de commissaire des guerres.

Il avait compris parfaitement que, dans la désorganisation universelle, dans les dangers qui menaçaient la France, le poste du citoyen était là où l'on pouvait aider efficacement à rétablir l'ordre et à réformer l'armée.

Il avait, sans difficulté, prêté serment à la Constitution. Il le tint ce serment, et refusa obstinément d'imiter ses deux frères, qui avaient émigré. Les plus violents reproches de sa famille n'ébranlèrent point sa résolution. Encore moins les insultes. Il reçut stoïquement l'envoi d'une quenouille qui lui vint de Coblentz.

En mai 92, il demanda à rentrer dans son régiment et passa à l'armée du Rhin.

La première occasion révéla son grand cœur et fit deviner un héros.

Sorti près de Landau, il distingue de loin,

dans la plaine, quelques-uns de nos cavaliers aux prises avec l'ennemi. Ils étaient sortis en reconnaissance et se trouvaient surpris; les Autrichiens avaient bravement lancé sur eux cinq escadrons. Desaix est indigné. Il est sans armes, qu'importe ! Il part, la cravache à la main. Il se jette à l'aveugle dans la mêlée, il est renversé, se relève ; les nôtres, enfin, se dégagent, et Desaix, rentrant avec eux, ramène encore un Autrichien.

Tel fut le commencement de ce grand homme, et telle toute sa vie, inspirée constamment d'un sentiment de justice héroïque.

En Égypte, les Arabes le nommèrent *Sultan juste*. Ce fut en effet plus qu'un héros, ce fut un juste juge. Et pour lui, le premier point dans la justice fut d'appuyer les faibles.

Dans la guerre d'Allemagne, les habitants virent bien qu'il faisait la guerre aux soldats, jamais au peuple. Ils dormaient sur leur foi profonde dans sa justice. Prêts à fuir avec leur famille à l'approche de l'armée, les paysans rentraient tranquillement : « Pour aujourd'hui nous n'avons rien à craindre, disaient-ils, c'est le corps de M. Desaix ! »

II

Capitaine en 92, général de brigade en 93, servant sous Broglie d'abord, puis sous Custine, participant à l'impopularité de ses généraux, et suspecté comme eux, il fut arrêté quelque temps ; son bien fut séquestré. Rien ne le rebuta. Il n'en voulut jamais à la République des défiances qu'inspirait le pouvoir militaire.

A peine sorti de prison, il courut à l'armée, et arriva à temps pour couvrir sa retraite, quand il lui fallut abandonner les lignes de Weissembourg.

On le vit à Nothweiller, les deux joues percées d'une balle et ne pouvant parler, continuer à commander du geste.

Il s'enferma dans cette position, pendant que les autres corps se retiraient, la défendit obstinément, et ne la quitta que la nuit, quand tous furent en sûreté.

Les représentants du peuple, témoins du fait, lui donnèrent dès lors l'avant-garde et le firent général de division.

C'étaient les temps de la famine. Ils révélèrent en lui le héros de la patience et de l'humanité. Ses soldats, le voyant manger comme eux, jeûner comme eux, n'avaient plus le courage de se plaindre. Sobre enfant de l'Auvergne, il mangeait son pain noir, quand on avait du pain, et il buvait de l'eau. Le jour, la nuit, il allait aux bivouacs, causait avec ses hommes du mauvais temps et des privations communes. Il leur donnait ce qu'il avait. Bon pour tous, il avait quelque faible pour ses Auvergnats, leur prêtait parfois de l'argent, à ne rendre jamais.

Un jour, des commissaires de guerre s'avisèrent de lui faire un présent de vins, de vivres. Il accepta avec reconnaissance, et donna tout aux hôpitaux.

L'argent des princes d'Allemagne, leurs caisses restées derrière eux dans leur suite, furent mis fidèlement par Desaix à la caisse de l'armée. Il n'y eut jamais moyen de lui faire accepter les présents qu'on donne ordinairement aux traités de paix. Donc, il rentra en France pauvre, léger et net de toutes choses, si bien qu'à Neuf-Brisach, si l'on n'avait payé pour lui, il se fût couché sans souper.

Dans cette glorieuse campagne de Hoche qui débloqua Landau et nous rendit le Rhin, notre frontière de l'Est, la Lorraine et l'Alsace, une grande part revenait à son lieutenant, Desaix. Il rentre, et il est dénoncé la seconde fois. Son bien est saisi encore, sa mère emprisonnée. Nul murmure, nul reproche. Dans la campagne même, à la première blessure, il avait écrit à sa mère ces mots d'héroïque douceur : « Grâce à Dieu, mon sang vient de couler ; ma mère, vous serez libre. »

L'injustice est bientôt reconnue. Desaix avec simplicité retourne au Rhin.

III

Deux années durant (1794-1795), Desaix
combat sans repos.

Son général, et celui de l'ennemi (le prince
Charles), reconnaissent également dans leurs
rapports la précision de ses manœuvres et son
étonnante vigueur d'exécution.

Mais le plus merveilleux, c'est qu'en hasar-
dant plus qu'aucun général c'était lui qui per-
dait le moins d'hommes. La confiance qu'il
donnait aux siens et leur amour pour lui res-
serraient, augmentaient leur unité d'action et
de mouvement, cette force inconnue qui est la
victoire.

Sa douceur, son calme ordinaire qui était

grand, devenaient admirables sur le champ de bataille.

Véritable homme de guerre, c'était là qu'il avait toute sa sérénité.

Dans une affaire où tout semblait perdu, Desaix ne bougeait pas. Un aide de camp, un peu ému, vient au galop lui dire : « Général, n'avez-vous pas ordonné la retraite ? — Oui, mon ami, dit-il, la retraite de l'ennemi. »

Pichegru destitué, les représentants voulaient nommer Desaix général en chef. Il refusa obstinément. « Jamais vous ne ferez, dit-il, cette injure aux vieux militaires ; je suis le plus jeune des officiers. » Il fallut qu'on nommât Moreau.

Quand on chercha un homme pour défendre Manheim, et pour y périr, le comité de salut public nomma Desaix. Quand Moreau, par deux fois, fit le grand et périlleux passage du Rhin, il l'exécuta par Desaix. Quand on chercha enfin, l'ennemi venant à nous, quel serait le général qu'on jetterait dans Kehl pour s'y faire écraser et arrêter là l'Allemagne, c'est encore Desaix qu'on choisit.

Ce fort de Kehl était un fort en terre, une pauvre bicoque sans palissade, avec quelques pièces de campagne. Desaix, peu auparavant, l'avait pris en deux heures. Il le garda deux mois.

Les Autrichiens, systématiques et savants militaires, bâtirent autour du fort des ouvrages énormes, une ligne de puissantes redoutes dont chacune eût valu le fort. Tout cela supérieurement armé de canons qu'on amène de Manheim et Mayence. On les amène pour Desaix. N'ayant pas de canons, il sort et prend ceux de l'ennemi. Il en prend dix, en encloue vingt, rentre avec sept cents prisonniers.

De temps à autre, il faisait, la nuit, le jour, de victorieuses sorties. L'ennemi avait perdu douze mille hommes quand il parvint enfin à dominer le Rhin par ses batteries. Desaix alors traita ; mais à une condition, c'est qu'il emporterait « tout ce qu'il jugerait convenable ». Il emporta le fort. Canons, madriers, palissades, jusqu'aux éclats de bombes dont le fort était jonché, les soldats enlevèrent tout exactement et nettoyèrent la place ; de sorte que, l'ennemi, ne trou-

vant plus que des monceaux de terre, demandait où était le fort (10 janvier 97).

Le 17 avril 1797, nouveau passage du Rhin
sous le feu d'une armée de quatre-vingt mille
hommes, couverts par des retranchements que
défendent cent pièces de canon. Desaix passe
le premier, le sabre à la main, et reçoit d'un
Hongrois un coup de feu à bout portant. Griè-
vement blessé à la cuisse, il a encore la force
de sauver le Hongrois et de l'arracher aux
mains des Français.

Le traité de Léoben arrêtant les hostilités,
le modeste général déclara vouloir étudier les
dernières campagnes de Bonaparte, et se rendit en Italie. Celui-ci s'en prévalut avec son
adresse ordinaire, et mit à l'ordre du jour de
l'armée une visite si honorable pour elle et son
général.

IV

Depuis la mort de Hoche, l'ascendant de
Bonaparte avait tout entraîné. L'invasion de
l'Angleterre, la grande pensée de Hoche, fut
décidément abandonnée pour celle d'Égypte,
brillante et poétique, mais sans résultat durable
pour qui n'est pas maître de la mer. Même
heureuse, cette expédition n'eût rien décidé,
rien terminé ; elle n'eût pas empêché les Anglais de continuer à solder contre nous la
guerre éternelle.

Desaix prit part à l'expédition. D'abord, il
descend à Malte, s'empare en un instant de
toutes les batteries, arrive jusqu'à la place, à
portée de pistolet. On sait la capitulation.

Débarqué en Égypte et commandant l'avant-garde, il marche hardiment sur le Caire. Il fait connaissance en route avec les redoutés mameluks. Ces tempêtes de cavalerie, qui étonnent au premier coup d'œil, Desaix enseigna aux nôtres à les regarder froidement et à les attendre de pied ferme. L'expérience s'en fit surtout aux Pyramides.

Desaix se chargea de poursuivre la victoire dans la Haute-Égypte, et serra de près Mourad-Bey. La grande affaire était d'empêcher ce général des mameluks de fortifier indéfiniment ses troupes par les secours des Bédouins du désert. Desaix, sur les uns et les autres, frappa un coup si ferme, que ces tribus, effrayées, ne mirent plus le pied en Égypte.

Le voilà donc, vainqueur, qui organise le pays, amasse des subsistances pour lui, pour l'armée du Caire. Par deux fois, Mourad revient avec une infatigable fureur, et jette cinquante mille hommes sur le petit camp de Desaix. Celui-ci le poursuit à mort par les déserts, jusqu'à ce qu'il aille se cacher aux affreuses contrées des Barabras.

Il avait vaincu l'homme et le climat, les barbares et le soleil. Les tribus vinrent une à une lui rendre hommage, se fiant à son équité, et l'appelant *Sultan juste.* Ce dernier point était grave. Ce n'eût été rien que de vaincre, si l'Orient n'eût reconnu la justice de l'Occident, accepté sa juridiction.

Tout homme de sens avait prévu l'issue de la campagne d'Égypte. Une armée non secourue, qui allait diminuant toujours, même par ses victoires, devait ou finir d'elle-même, ou capituler. Kléber voulait le sauver à la France, ce reste admirable de l'armée d'Égypte, qui avait été l'armée d'Italie. Il essaya de traiter. Desaix eût mieux aimé périr. Il n'en conclut pas moins, par ordre de Kléber, cette transaction, bientôt violée par les Anglais, qui le forcèrent encore de vaincre à Héliopolis.

Chargé de porter le traité en Europe, Desaix fut arrêté en mer, et prisonnier un mois des Anglais.

Relâché enfin, il aborde, le 19 mai, à Toulon.

V

Il y avait des années que Desaix n'avait revu
sa famille, sa mère, tout ce qu'il aimait. Mais,
dans la situation critique où il vit la France, il
n'hésita pas un moment à se sacrifier lui-même
et tous les intérêts de son cœur. Sans rien attendre, il passa les Alpes, et s'offrit à Bonaparte.

Plus d'un pressentiment sinistre assiégeait
son esprit. « Il m'arrivera quelque chose,
disait-il aux siens ; il y a longtemps que je ne
me bats plus en Europe ; les boulets d'ici ne
me connaissent plus. »

En route, il fut retardé par une insolente
attaque de brigands piémontais qui lui tuèrent
un homme.

On sait la bataille de Marengo et ses étonnantes péripéties.

Mélas avait déjà écrit sa victoire à Vienne. Lui-même se l'ôta des mains, en détachant sur ses derrières un grand corps de cavalerie. Bonaparte, qui de même croyait tenir Mélas, et qui avait détaché Desaix pour l'envelopper, était fort en péril, si Desaix n'était revenu.

Desaix fit exactement le contraire de Grouchy à Waterloo. Grouchy s'en tint à l'ordre donné et ne bougea pas. Desaix, jugeant la situation changée, entendant le canon lointain, ne tint plus compte de l'ordre, revint, et rétablit la bataille.

Il arrive au premier consul. Les généraux l'entourent ; ils lui content la journée, lui montrent la situation. Tous sont d'avis de faire retraite. Bonaparte ne dit rien, et presse vivement Desaix de parler.

Desaix regarde le champ de bataille ; puis, tirant sa montre : « Oui, dit-il, la bataille est perdue ; mais il n'est que trois heures, nous avons encore le temps d'en gagner une autre. »

Simple et noble parole, qui témoigne, pour l'avenir, et de son cœur indomptable et du jugement qu'il faisait d'une armée qui, brisée, décimée, pouvait, sur le même champ de bataille et le même jour, ressaisir la victoire !

Les troupes fraîches qu'il ramenait avancent pour heurter de front les Autrichiens, les arrêter, pendant que l'armée, ralliée, se jettera sur leur flanc. Ils la croyaient en retraite. Ils sont tout à coup salués par la mitraille de douze pièces qu'on démasque devant eux.

Desaix, à cheval, à la tête de la 9ᵉ légère, franchit un pli de terrain et se révèle brusquement à eux par une charge à bout portant.

Ils répondent. Desaix tombe, atteint d'une balle dans la poitrine.

Il était frappé à mort, et ne prononça qu'un mot en tombant : « N'en dites rien. »

On le comprit, on lui jeta son manteau sur la tête. Mais on ne parvint pas à cacher sa mort. La 9ᵉ en fut furieuse de douleur et de désespoir, et, se précipitant sur la masse des Autrichiens, elle gagna dans cette terrible lutte le surnom d'*Incomparable*, qui lui a été conservé jusqu'à la fin de nos guerres.

Desaix ne fut retrouvé qu'avec peine au milieu des morts. On le reconnut surtout à son abondante chevelure noire.

La bataille, décidée par lui, donna la paix au monde, l'empire au premier consul.

Bonaparte était dès lors si sûr de l'empire que, sur le champ de bataille même, regrettant la mort de Desaix, il dit ce mot impérial : « Je l'aurais fait prince. »

On a prétendu, avec bien peu de vraisemblance, que Desaix, frappé au cœur d'un coup mortel, au fort de la mêlée, au bruit de l'artillerie, aurait pu dire et faire entendre cette longue phrase : « Allez dire au premier consul que je meurs avec le regret de n'avoir pas fait assez pour vivre dans la postérité. » Desaix vivant ne fit jamais de phrase ; en a-t-il fait une à sa mort ?

Quoi qu'il en soit, cette parole sera à jamais démentie. Il a fait assez. Il vivra.

Il vit, non dans les monuments qui lui furent élevés, à Paris, aux Alpes, à Strasbourg, non dans les vains récits, dans la chronique

oublieuse ou menteuse, mais au fond du cœur
de la France et dans la reconnaissance muette,
dans le culte secret des hommes de sacrifice et
de devoir.

VI

Je possède un assez médiocre portrait de Desaix, qu'il a laissé faire en Égypte, vraisemblablement pour sa mère, dont il était séparé depuis si longtemps et qu'il ne devait plus revoir. Autrement son excessive modestie n'eût pas permis qu'on donnât cette importance à son image, ni qu'on transmît ses traits à la postérité.

Rien de moins flatteur à l'œil que cette gravure. Le fond, triste et uniforme, est une plaine de la Haute-Égypte, un désert de la Thébaïde, tout d'âpres rochers. Plus près, dans une petite oasis de quelques arbres, se voit le camp français, tout le mouvement des travaux militaires, une fourmilière de petites figures noires qui travaillent, apportent les choses nécessaires à la vie. Les femmes, les enfants indigènes vont et viennent parmi les soldats. On sent qu'il y a là une sécurité parfaite, que c'est un lieu de justice et de paix.

On est tout à fait rassuré sur le sort de ce peuple, quand on voit, au premier plan, l'honnête et héroïque figure du général Desaix. C'est celle d'un grand travailleur, d'un homme jeune encore qui a déjà beaucoup fait, beaucoup souffert, et qui jamais ne fera souffrir les autres.

Avec sa riche chevelure noire, avec sa moustache touffue et ses grands yeux noirs, il a l'air triste, mais ferme et doux.

Il rêve... A la patrie lointaine? aux affections qu'il y laisse? à ceux qu'il aime et ne reverra plus? Non, il pense à ce peuple qu'on voit là-bas, et dont il est le père. Il pense à l'organisation de cette contrée infortunée. Il pense à cette rude campagne de la Haute-Égypte; dur labeur, obscur et lointain, caché dans les solitudes, loin de l'attention du monde. Si l'Égypte était un exil pour nos soldats d'Europe, la Thébaïde est un exil par delà l'Égypte elle-même.

Pauvre moine de la guerre, à travers l'affreux désert des moines de la Thébaïde, il poursuit infatigablement le cavalier mameluck. Sous ce soleil terrible, à l'heure où se cache le lion vaincu par la chaleur, où le crocodile haletant se tapit dans le Nil, le général Desaix ne lâche pas prise. Il travaille, écrit, ou combat.

« Sois pur, pour être fort. » Ce mot grave de la Perse antique se réalise à la lettre dans la vie de Desaix. Caractère absolument vierge, il dut sa séve, sa verdeur admirable, à son austérité. Sa vie est d'une pièce, d'un fil tout aussi net que fut celui de son épée.

Le devoir, le travail, telle fut sa droite ligne, et il a ignoré les courbes de la vie. Ce que peut être le plaisir, même légitime, il ne l'a jamais su. Ayant en lui sa récompense, il n'a demandé rien de plus, rien regretté, rien désiré. Se dévouer, sans éclat et sans bruit, ce fut toute son ambition. Indépendant à l'intérieur, gardant toute son âme, il se subordonnait volontiers même à moindre que lui. C'était une de

ces rares créatures que la nature a faites tout
exprès pour le sacrifice, qui d'elles-mêmes
se sentent nées pour cela, et qui le veulent
ainsi.

HOCHE

HOCHE

I

COMMENCEMENTS

I

Dans une des visites que j'ai eu l'honneur de faire à la veuve de celui qui fut depuis le général Hoche [1], j'ai vu de lui une miniature douce et forte, si bien équilibrée de qualités diverses, qu'elle échappe à toute description.

Hoche était fort grand, il avait cinq pieds huit pouces ; il portait la tête très-haute. Il était un peu mince pour sa taille, et peut-être un peu

1. Restée veuve à dix-neuf ans, elle a été gardée de toute affection nouvelle par la religion de ce grand souvenir.

serré des épaules. Il avait une activité prodigieuse, terrible, qu'ont rarement les hommes de grande taille. Son geste habituel, un peu bizarre, mais qu'expliquent assez les difficultés, les contradictions qui traversèrent sa carrière, était de se mordre souvent la main au pli des secondes phalanges.

La hauteur de son âme était dans tout son aspect, dans sa figure. Soldat aux gardes françaises et très-jeune encore, il figurait à une revue; une grande dame de Versailles, avec la finesse et le tact de son sexe, le remarqua entre tous et dit : « Voyez-vous celui-ci? Ce n'est pas un soldat, c'est le général. »

Du reste, dans sa personne rien de sombre, rien de triste ; une grande sérénité. Et sous ce calme, une application extrême, continue, jamais démentie. Elle seule peut expliquer qu'il ait tant fait, tant voulu, tant pensé, tant projeté dans sa vie de vingt-neuf ans, parti de si bas, ayant à rompre tant et de si cruels obstacles par l'effort de la seule vertu.

Cette action rapide, dévorante, qui le mena si vite à la mort, n'embrassait pas seulement

les sciences militaires ; on est pénétré d'é-
tonnement de voir qu'à l'armée de l'Ouest,
au milieu des tentatives si fréquentes d'assas-
sinat, des craintes de soulèvement, de l'attente
de la flotte anglaise, des préparatifs de la descente en Angleterre, il songeait à commencer
l'étude de la métaphysique et priait un ami de
lui envoyer tel livre de Condillac.

Il répétait à chaque instant, sans s'en aper-
cevoir, et se parlant à lui-même, un mot du fa-
meux Jean de Witt : « *Fais ce que tu fais,* »
c'est-à-dire : fais bien et agis fort, travaille
sérieusement. Il disait encore souvent un mot
héroïque : « *Des choses, et non des mots.* » En
lui point de rouerie, de mise en scène, d'appel
à l'art ; point de faiseur d'arrangement pour les
bulletins.

Hoche avait pour les sciences morales la
préférence que Napoléon eut pour les mathématiques. Il voulait étudier la philosophie,
l'économie politique avec O'Connor. Partisan
d'abord des avantages commerciaux pour l'Irlande, dès que celui-ci lui eut expliqué la liberté du commerce : « Oh ! la belle science !

vous me l'apprendrez ! » Il se jeta dans ses bras. M. O'Connor, qui m'a raconté le fait, me disait encore : « Personne n'écoutait si bien que Hoche, n'était si avide de savoir, si désintéressé d'amour-propre. »

II

Orphelin presque à sa naissance, Hoche n'eut d'autre éducation que celle qu'il se donna lui-même. Nous l'avons appelé un enfant de Paris, quoiqu'il fût né à Versailles. Mais de très-bonne heure, il eut Paris, le grand Paris, pour éducateur.

Paris a ses séductions, comme toutes les grandes villes ; mais pour ceux qu'il n'énerve pas, il est la plus grande école du monde. Là nul objet qui ne puisse instruire. Les murs parlent, les pierres racontent, les pavés sont éloquents.

Hoche a raconté ses origines dans une lettre magnifique, en réponse à ses ennemis [1]. Fils

1. Nous donnons à la fin du volume quelques-unes de ces lettres superbes.

d'un soldat devenu palefrenier aux écuries du
roi, il fut d'abord soutenu par sa tante, une
fruitière. Mais bientôt il se suffit à lui-même,
il se fit soldat.

Hoche, à vingt ans, faisait son éducation
comme s'il eût prévu sa destinée. Il dévorait
tout. Faut-il dire que ce grand homme, pour
acheter quelques livres, tirait de l'eau, la nuit,
chez les jardiniers. Le jour, il brodait des gi-
lets d'officiers et les vendait dans un café que
l'on montre encore au bas du Pont-Neuf.

Son imagination était alors infiniment active
et mobile. Il lisait, dévorait Rousseau, le bré-
viaire de la Révolution, en attendant qu'elle
vînt. Il lisait aussi des voyages. Il s'engagea,
croyant que c'était pour les Indes ; il se trouva
que, par une supercherie ordinaire aux recru-
teurs, ils lui avaient fait signer un engagement
dans les gardes françaises [1].

Ce corps participait beaucoup à l'esprit du
temps. Les gardes françaises étaient en faction
aux théâtres, aux lieux publics ; ils y rece-

1. Presque tous les détails intimes de cette biographie
m'ont été donnés directement par la veuve de Hoche.

vaient d'avance le souffle de la Révolution.

L'ancien régime était assez fou cependant pour se fier aux gardes françaises, mariés pour la plupart. Fort impolitiquement on avait supprimé le dépôt où l'on élevait les enfants de troupe.

Le coup d'État du 23 mai 89, qui brisait la volonté de cinq millions d'électeurs, et donnait au clergé un veto contre la noblesse et le tiers, n'épargnait pas l'armée.

Par l'acte du 23, le roi déclarait de la manière la plus forte *qu'il ne changerait jamais l'institution de l'armée*, c'est-à-dire que la noblesse aurait toujours les grades, que le roturier ne pourrait monter, que le soldat mourrait soldat. Ainsi, le seul changement qu'on fît aux *institutions militaires*, on le faisait contre lui.

Ce fut alors que Jourdan, Joubert, Kléber, qui d'abord avaient servi, quittèrent le service militaire, comme une impasse, une carrière désespérée. Augereau était sous-officier d'infanterie ; Hoche, sergent ; Marceau, soldat ; ces jeunes gens de grand cœur et de haute ambition étaient cloués là pour toujours !

Le jour même où les électeurs de Paris, annulés par le veto du roi, faisant à leur tour leur coup d'État, se réunirent dans la misérable salle d'un traiteur, 25, rue Dauphine, sans être convoqués, et contre la volonté du ministère qui leur en refusait la permission, — les soldats des gardes françaises, comme si le cri : *Aux armes !* eût retenti dans les casernes, forcèrent la consigne qui les retenait depuis plusieurs jours, se promenèrent dans Paris, vinrent fraterniser avec le peuple. Depuis quelque temps déjà, des sociétés secrètes s'organisaient parmi eux ; ils juraient de n'obéir à aucun ordre qui serait contraire aux ordres de l'Assemblée.

III

Le 14 juillet, Hoche est au nombre des vainqueurs de la Bastille. Après le licenciement des gardes françaises, il entre (août 89), dans la garde parisienne, instituée par Lafayette, et il y est nommé adjudant sous-officier. Un jour de manœuvres aux Champs-Élysées, le ministre de la guerre Servan remarque la tenue et la précision du peloton commandé par Hoche, et demande le nom de « ce jeune homme alerte qui conduit si bien sa compagnie ». Quatre jours après, Hoche reçoit le brevet de lieutenant dans le 58e régiment (Rouergue). En juin 92, il rejoint son corps en garnison à Thionville, et contribue à la brillante défense de cette place assiégée par les Autrichiens. De là, il passe à l'armée des Ardennes, dans la division du général Leveneur.

Le général Leveneur était ce brave entre les braves dont nous avons déjà parlé, qui avait eu ce hasard singulier de prendre un fort à lui seul (la forteresse de Namur). C'était du reste un soldat très-simple, très-dévoué. Nous avons dit qu'il l'était à Lafayette au point que, Lafayette partant, Leveneur, machinalement et d'instinct, était parti aussi. Mais nous avons vu comment il se repentit heureusement, revint, et, reçu comme simple soldat, déposa sans murmure l'épée, l'épaulette, prit le sabre de hussard, jusqu'à ce que de nouveaux services lui eussent fait restituer son grade de général.

Noble simplicité de ces temps si loin de nous !

Le jeune instructeur des volontaires de 92 apparaît dans l'histoire en mars 93, le jour même où toutes les puissances de l'Europe coalisées firent subir au général Leveneur son premier échec sous Maëstricht. Hoche, alors capitaine, fut chargé, dans cette malheureuse journée, de sauver le matériel de l'artillerie. Il le fit avec audace, habileté, ne laissant pour tout butin à l'Autriche qu'un seul canon.

Leveneur l'admira, le prit en amitié, en fit son aide de camp. Il avait bien vite démêlé le héros sous l'effervescence du jeune homme. Il voulut compléter son éducation.

Le brave et bon Leveneur avait lui-même besoin d'une tête pour le diriger. Ce fut le jeune Hoche. Dans la déroute de Neerwinde, dans la retraite qui suivit, ils couvrirent l'armée. Ils livrèrent près de Louvain, à la Montagne de Fer, un combat de dix-sept heures, qui fit réfléchir l'ennemi, et lui fit sentir que, tout vainqueur qu'il était, il n'entamerait pas aisément la France.

Leveneur, resté fidèle, à la suite de Dumouriez, n'en était pas moins suspect. Hoche le défendit. Quand on arrêta Leveneur, il se fit aussi arrêter. Tout s'éclaircit cependant. Hoche put aller à Paris s'entendre avec les chefs du nouveau gouvernement, les meneurs de l'opinion. Il évita les Jacobins, trop défiants pour le militaire, s'adressa aux Cordeliers. Il connaissait déjà Danton. Il alla voir aussi Marat, et plaça dans son journal une forte et chaleureuse lettre contre les intrigants qui perdaient l'armée.

IV

Hoche, à son retour à l'armée, reçut du général Barthélemy l'ordre d'aller sur-le-champ s'enfermer dans Dunkerque, menacé par le duc d'York.

C'était le moment où la coalition, démasquant sa hideuse immoralité, avouait que le nom du roi n'était qu'un prétexte pour elle. Les Autrichiens dans Condé, les Anglais à Dunkerque, à Toulon, ne cachaient point qu'ils venaient en conquérants s'approprier la dépouille de Louis XVI, et non secourir son fils.

L'affaire de Dunkerque, pour quiconque sait l'ancienne histoire de France, doit passer pour un des plus grands périls que la France nouvelle ait courus. Rappelons-nous que l'Anglais, occupant Calais deux cents ans, a été pendant tout ce temps maître de nos mers, maître de nos côtes, entrant, sortant à volonté de ce terrible repaire, faisant trembler à chaque instant toutes nos provinces du Nord. Telle eût été notre situation s'il eût occupé Dunkerque.

L'indignation donna aux nôtres une force surhumaine. Les rois étaient pris ici en flagrant délit, comme voleurs, la main dans le sac, venant voler Louis XVII qu'ils avaient dit vouloir défendre. Vingt mille Anglais, vingt mille Autrichiens tenaient Dunkerque investie. Hoche se jette dans la place, et fait des prodiges. Devenu chef de brigade, il donne aux travaux une activité extraordinaire; il exécute avec sept mille hommes des réparations qui en auraient exigé vingt mille; il se met à piocher lui-même. La garde civique est découragée, il relève son énergie; les matelots se sont insurgés, il les ramène au devoir. Il communique

à tous son patriotisme et sa flamme. On a conservé plusieurs des mots d'ordre qu'il donnait
chaque jour, et où apparaît la grandeur de sa
pensée : Despotes, Mort. — Pitt, Néant. —
France, Exemple. — Liberté, Univers.

Dans une foudroyante sortie, il écrase la
gauche anglaise, Jourdan écrase la droite.
L'ennemi n'eût pu échapper si le général Hou-
chard n'eût, par hésitation ou faiblesse, lui-
même arrêté la victoire.

C'est à Dunkerque que se révéla l'étonnante
lucidité de Hoche sur les choses de la guerre.
Il adressa au Comité de salut public un plan
simple et hardi, qui, plus tard, adopté, suivi à
la lettre, décida le succès de la campagne de
Hollande.

Ce mémoire contenait des vues de génie.
L'auteur demandait que l'armée de Nieuport
suivît une marche plus déterminée : « Nous
faisons une guerre d'imitation, disait-il, nous
allons où va l'ennemi. Ne pouvons-nous donc
agir de nous-mêmes ? Cessons de nous dissé-
miner, combattons par masses et marchons
fièrement à la victoire. Marchons ! il ne faut

pas que la République attende l'an prochain
pour être sauvée ! »

V

Le 1er octobre 93, Carnot, se trouvant assis
au Comité de salut public près de Robespierre,
lui passa une lettre qu'il venait de recevoir, si-
gnée Hoche, un nom inconnu.

Cette lettre, toute pleine d'ardeur patriotique
et républicaine, faisait la proposition hardie
d'une descente en Angleterre, indiquait les
moyens possibles, supputait les forces nécessaires, et se terminait ainsi : « Je ne demande
ni place, ni grade, mais l'honneur de mettre le
premier le pied sur la terre de ces brigands
politiques. »

Robespierre, après avoir lu, dit à Carnot ·
Voilà un homme infiniment dangereux. »

La défiance de Robespierre n'était pas, il
faut le dire, trop déraisonnable. Robespierre,
Saint-Just, en amants jaloux de la République,
avaient le pressentiment qu'elle périrait par

8.

les généraux. Or, de tous, et sans excepter Bonaparte qui vint plus tard, Hoche semblait le plus à craindre. Il l'était par une chose que lui seul eut à ce degré, la chose dangereuse dans les cités libres : *il était aimé.*

Un vieux et vénérable général, très-savant des choses et des hommes de ce temps déjà reculé, et qui a gardé son bon sens dans l'infatuation universelle, le général Koch, me dit un jour un mot qui me frappa fort : « Mais enfin, demandais-je, qui l'eût emporté des deux rivaux, Hoche et Bonaparte ? » Il me répondit ces propres paroles : « Contre ce terrible calculateur, Hoche aurait eu une chance : *il était aimé* [1]. »

Pourquoi l'était-il ? Lui-même en dit la principale cause : *il aimait.* C'était sa maxime, qu'il répétait à chaque instant : « Pour être aimé, il faut aimer. » Il n'aimait pas seulement ses égaux, mais, ce qui est rare, ses chefs.

Il fut aimé fanatiquement de tous ceux qui l'entourèrent. Les sombres et défiants procon-

---

1. Il ajoutait : « A la longue cependant l'homme de calcul l'eût emporté. »

suls envoyés aux armées de Rhin-et-Moselle purent craindre que ces sages armées, les plus sages de la France, ne fussent pourtant corrompues par leur enthousiasme pour ce séduisant jeune homme. Les militaires, Ney, Lefebvre, l'auraient suivi à l'aveugle ; les héros de la République, les Desaix, les Championnet, avaient un faible pour lui, ne le distinguant pas de la République elle-même.

Mais si cet attachement des plus grands hommes de guerre semblait le rendre dangereux, il pouvait lui prêter aussi une force utile à la patrie, si, l'heure venue, épargné par le destin, il se fût constitué (comme il est probable) le défenseur de la liberté contre l'ambition militaire. Lui seul, appuyé sur la République et sur ses glorieuses amitiés, il eût opposé une barrière au nouveau César. *L'homme à qui les dieux cédèrent* (pour parler comme un ancien) eût pourtant trouvé un obstacle : le général Hoche et le droit.

II

LANDAU — LA PRISON

I

Au moment où il venait de faire merveille à Dunkerque, Hoche avait à peine vingt-six ans.

Jadis, dans un mouvement impétueux, il avait écrit une première lettre à Carnot, qui fut étonné et dit : « Ce sergent ira loin. » La prédiction déjà s'accomplissait.

Baudot et Lacoste, qui avaient pris la direction de l'armée de la Moselle, obtinrent que, Pichegru ayant l'armée du Rhin, le commandement de l'armée de la Moselle fût donné à Hoche. Par un ferme bon sens qui touche au génie, ils comprirent qu'il n'y avait à attendre

nulle victoire sans unité, que l'unité militaire,
c'était celle de l'âme et du corps, du général
et du soldat ; et pour général ils prirent le plus
aimé, le plus aimable, le plus riche des dons
du ciel, un homme en qui était le charme de la
France, l'image de la victoire.

L'armée fut enthousiaste de lui avant qu'il
eût rien fait. Un officier écrivait : « J'ai vu le
nouveau général. Son regard est celui de l'ai-
gle, fier et vaste. Il est fort comme le peuple,
jeune comme la Révolution. »

Hoche avait les Prussiens en tête, et Pichegru les Autrichiens. Hoche devait percer les
lignes des Vosges, débloquer Landau, et opérer
sa jonction avec Pichegru.

L'armée de la Moselle, qui avait le plus à
faire, avait été jusque-là une armée sacrifiée ;
on l'avait souvent affaiblie au profit de celle du
Nord, et récemment au profit de celle du Rhin,
qui en tira six bataillons. Elle était bien plus
affaiblie encore par sa longue inaction, par
son mélange avec la levée en masse, par l'in-
discipline. Hoche comprit les difficultés. Une
telle armée était susceptible d'un grand élan,

mais fort peu de manœuvres savantes. Il était difficile avec elle de suivre les idées méthodiques du comité. La rapidité était tout. Hoche supprima les bagages, les tentes même, en plein décembre.

Les soldats, déjà fatigués de la campagne, murmuraient hautement. Hoche mit à l'ordre que le régiment qui avait le premier exprimé son mécontentement, n'aurait pas l'honneur de prendre part au prochain combat. Les mutins vinrent, les larmes aux yeux, supplier le général de lever cette punition infamante, implorant la bataille, demandant à marcher, au contraire, à l'avant-garde. Hoche leur accorda cette grâce, et ils firent, pour l'en remercier, des prodiges de valeur.

Malheureux à Kaïserslautern dans ses premières attaques, Hoche revint à la charge avec un acharnement extraordinaire. Toute l'armée criait : « Landau ou la mort ! »

Bien lui prit en ce moment d'être un soldat parvenu. Noble, il eût été suspect ; mais il reçut une lettre rassurante et généreuse de Saint-Just et de Lebas. Lacoste et Baudot le

suivaient pas à pas, combattaient avec lui en
intrépides soldats, durs, sobres, couchant sur
la neige.

L'échec de Kaiserslautern faillit se renouveler devant Frœschwiller. Les redoutes de
l'ennemi, disposées en amphithéâtre, étaient dé-
fendues par une invincible artillerie. A l'aspect
des retranchements et du triple rang de batteries qui les couronnent, les bataillons républicains hésitent. Mais Hoche connaît ses soldats;
ces formidables canons, il les met gaiement
aux enchères. « Camarades ! s'écrie-t-il en
parcourant les rangs, à 400 livres pièce les
canons prussiens ! — à 500 ! — à 600 ! »
« Adjugé ! » répondent en riant les soldats. Ils
s'élancent au pas de charge, la baïonnette en
avant; en moins d'une heure, les trois lignes
de redoutes sont franchies, emportées ; les
Prussiens abandonnent dix-huit canons, vingt-
quatre caissons ; et les pièces traînées devant
le général Hoche sont payées comptant au prix
de l'*adjudication*.

Les Prussiens cédèrent ; l'armée de la Moselle
déboucha des Vosges, descendit en plaine ;

Landau fut sauvé, la jonction opérée avec Pichegru. Hoche se jeta dans ses bras : « Qu'est-ce que c'est que ce Pichegru ? écrivait-il ; ses joues m'ont paru de marbre ! »

Le premier bulletin, daté de Landau, fut envoyé par Pichegru. Barrère parla de la victoire, sans dire un seul mot de Hoche.

Landau, Bitche, ces forteresses étaient le dernier, le faible fil auquel était suspendu le grand avenir de la France. Le Comité de salut public, dans ce péril, avait pris une décision forte. Il avait envoyé dans Strasbourg, perdue presque pour la République entre les traîtres et les fous, il avait envoyé Saint-Just, c'est-à-dire la loi, la mort.

Qu'allait-on faire maintenant ? Qui devait commander les deux armées pour agir d'ensemble ? Saint-Just ne daignait pas communiquer à Baudot et à Lacoste ses instructions secrètes. Ils se lassèrent de cette taciturnité et de l'inaction de Pichegru. Ils jouèrent leur vie. Le 24 décembre, ils ordonnèrent à Pichegru d'obéir à Hoche.

Tout dès lors alla comme la foudre. Hoche

lança six mille hommes au delà du Rhin, sur
les derrières de l'ennemi. Puis, lui-même, en
cinq jours de combat, terribles, acharnés, il
poussa l'ennemi à mort, et se jeta sur le Rhin.

Voilà l'Alsace sauvée, l'étranger chassé, le
Rhin repris, conquis, gardé (jusqu'en 1815) !

Quels sont les plans admirables qu'on reproche à Hoche, Lacoste et Baudot, d'avoir fait
manquer par leurs victoires ? On eût, dit-on,
enveloppé l'armée autrichienne. C'était l'idée
fixe toujours de prendre et d'envelopper. On
le voulait à Dunkerque. Il semble qu'on n'ait
pas su ce qu'étaient les armées de la République. Très-vaillantes, elles étaient très-peu ma-
nœuvrières encore, très-peu capables de ces
opérations compliquées, si faciles à combiner
dans le cabinet, si difficiles à exécuter sur le
terrain avec des soldats novices, émus, spon-
tanés, et qui, forts par la passion seule, étaient
infiniment moins propres à servir d'instruments
aux calculs des tacticiens.

L'offensive brillante que prit Hoche en Allemagne, et qu'on arrêta, était chose plus prati-
que certainement que la tentative de faire sai-

sir comme en un filet une armée très-aguer-
rie par la nôtre formée d'hier, les vieilles
moustaches hongroises par nos toutes jeunes
recrues.

Hoche, arrêté dans ses succès, fut furieux ;
il écrivit énergiquement qu'il briserait son
épée, qu'il irait vendre du fromage chez sa
tante la fruitière (Papiers de Lindet).

Le Comité, indigné, effrayé de ce langage
nouveau, l'éloigna de ses soldats « pour un
autre commandement ».

Ce commandement fut à la prison des Carmes.

II

Hoche, aux Carmes, n'eut qu'une cellule de
six pieds carrés, sans jour et sans air, donnant
sur une étable, dont les vapeurs ammoniacales
faillirent l'aveugler [1]. Quelle loge pour ce
jeune lion, qui avait toujours vécu sous le
soleil, respiré toujours le grand air libre des
batailles, déployé en tout temps une si terrible
activité !

[1] Il dut toujours, depuis, porter des conserves.

Cette vaste et sinistre maison des Carmes, sinistre par ses souvenirs, était alors pleine de femmes, la plupart charmantes. On y montre une chambre longue et profonde, très-étroite, de vingt pieds sur quatre, où se trouvaient entassées les trois grandes dames les plus gracieuses et les plus jolies de Paris, la Cabarrus, la Beauharnais et une autre. On se voyait à travers les grilles de la prison.

Il ne pouvait exister aucun lieu plus dangereux pour un homme d'action que les prisons de la Terreur. La mort n'y était pas seule à craindre, mais, pour peu qu'on y séjournât, une autre mort : l'énervation physique et morale. Elles étaient excessivement malsaines en tous sens, ces prisons. Hoche devait y rencontrer les seuls écueils où pût heurter sa vertu républicaine, l'amour et la molle pitié. Les dames de la cour étaient là cent fois plus dangereuses qu'elles ne l'eussent été à Versailles. Leur coquetterie, leur esprit d'intrigue, leur corruption, n'apparaissaient plus; on voyait des femmes souffrantes, inquiètes, qui avaient besoin d'un ami pour se rassurer.

On disputait peu son cœur à celle qui, peut-être, devait mourir demain.

Hoche fut transféré bientôt à la Conciergerie. Il y resta quatre mois. Il lisait les moralistes, Sénèque et Montaigne, les ingénieux panégyristes de la mort. Lui-même écrivait des portraits de mœurs et des caractères. Aux livres de ces beaux esprits, il comparait la réalité vivante, tous ces gens qui, riant, pleurant, égayant leur dernière heure de plaisirs rapides, franchissaient le grand passage.

L'ancienne société était encore, là, terriblement corruptrice ; elle l'était par la pitié ; elle l'était par le plaisir ; elle l'était par le doute. Un vertige contagieux venait ; on partageait volontiers la dernière heure des victimes, leurs pleurs ou leurs légèretés folles. C'était la meilleure école pour perdre la foi, les mœurs, pour haïr la République.

Hoche était heureusement un trop grand cœur pour s'abandonner à cette influence. On le voit par ces esquisses qu'il écrivait en prison ; il essayait par l'ironie de repousser cette mort morale. Il écrivait des choses badines, et n'er était que plus triste.

Un jour qu'il se promenait mélancoliquement dans un long corridor sombre, on ouvre à grand bruit le guichet; un homme d'assez haute taille s'incline pour passer la porte basse, et se relevant montre à Hoche la noble, l'impassible, la redoutée figure de Saint-Just. C'était le 9 thermidor. Nous tenons ce détail de madame Hoche elle-même. L'un entre, l'autre sort. Voilà la prison, et voilà la vie !

Celui qui sortait était incapable d'insulter à ses ennemis qui venaient prendre sa place. Quelle qu'ait été l'erreur fatale des chefs de la Terreur, Hoche savait leur sincérité, leur dévouement à la France. Il n'a jamais dit un seul mot contre eux. Un officier lui rappelant qu'ils avaient été ensemble à la Conciergerie : « Oublions cela, mon ami, lui dit-il, craignons que ce souvenir ne nous rende injustes pour ceux qui servirent la patrie au péril de la vie et qui s'immolèrent pour elle. »

III

I

Enfoui quatre mois dans un cachot, Hoche
y laissa sa santé pour toujours.

Thermidor, la mort de Saint-Just, ne lui
ramenèrent pas la faveur des bureaux. On
donna à Pichegru la grosse armée et l'affaire
éclatante de Hollande. A Hoche, la triste Vendée, une guerre douloureuse, où il s'usa, et où
la victoire même était un deuil.

Qu'allait faire dans cette guerre plus que civile, qui était en même temps une guerre d'em-
bûches, une guerre de buissons, cet homme de
vingt-cinq ans, si impétueux sur le Rhin, ce
général rapide, en qui ses officiers (Desaix,

Championnet, Lefebvre, Ney) voyaient distinctement le génie de la France, l'étoile de la victoire ? Hoche étonna dans l'Ouest par une longanimité étrange et inouïe. Chez ces paysans sauvages, dans cette guerre d'incendies, de vols, d'assassinats, il apporta une chose nouvelle, le respect de la vie humaine. Les premiers mots qu'il dit, empreints de son grand cœur, étaient le plus touchant appel : « Français, rentrez au sein de la patrie ! Ne croyez pas que l'on veuille votre perte ! Je viens vous consoler... Et moi aussi, j'ai été malheureux... » (septembre 94)

La Vendée s'éteignait, la Bretagne s'allumait. A Rennes, où il arrive d'abord, il trouve la contre-révolution frémissante, déjà insolente. Qui le croirait ? personne à aucun prix ne voulut lui donner de logement. Rien ne le corrigea de sa générosité.

Les villes souffraient fort du soldat, qui lui-même s'y énervait, devenait indiscipliné. Hoche prit la mesure utile, mais sévère, à l'entrée de l'hiver, de le tirer des villes, des villages, de le faire camper dans une suite de petits camps qui surveillaient tout le pays, l'enveloppaient comme d'un réseau.

La loi autorisait l'armée à prendre un cinquième de la moisson. Le paysan fut bien surpris de voir le général fournir de la semence à ceux qui en manquaient, donner des vivres aux plus nécessiteux, se faire le père commun du peuple et du soldat.

La campagne eut de lui un autre bien inattendu. Dans la Vendée, on forçait le paysan à couper, à détruire ses haies, qui lui sont nécessaires pour parquer le bétail, lui donner du feuillage, et pour les mille usages qu'on tire du petit bois. Hoche, avec une magnanime confiance, permit les haies, montrant qu'il redoutait peu l'embuscade, craignait peu d'être assassiné. On attenta pourtant quatre fois à sa vie. A la première, il envoya vingt-cinq louis à la veuve de l'assassin ; une autre fois, il se chargea de nourrir les enfants de son meurtrier.

Cela était si imprévu, si surprenant, que personne n'y crut. Quand, par sa conduite, il se montrait si vraiment bon et humain, on le jugea faible et crédule. Il se refusait les moyens irritants dont on avait tant abusé, les visites domiciliaires, par exemple; la bonne société, les belles dames caressantes, feignant d'admirer sa grandeur d'âme, l'invoquaient en faveur de ces « pauvres chouans ».

Tandis qu'on essaye ainsi de l'aveugler, on répand dans l'Ouest la fable que la République est partout vaincue, que le Bourbon d'Espagne vient de faire son entrée à Paris. Les chouans hardiment se montrent au théâtre de Nantes dans leur costume; l'officier est en habit vert; tous ont des colliers verts et noirs, de belles écharpes blanches, chargées de brillants pistolets.

Pendant qu'ils paradent, un personnage fort louche, M. de Puisaye, passe de Bretagne à Londres, avec les pouvoirs de quelques chefs douteux. Il va droit à Pitt. Ce ministre n'avait jamais vu un si mauvais Français, si bien fait pour vendre la France. Nos émigrés, absurdes, inconséquents, légers, faisaient des réserves, parfois se souvenaient de la patrie. Puisaye, du premier coup, dit « *qu'il était Anglais* » (en effet il avait quelques parents anglais). Il surprit Pitt en affirmant que la Bretagne ne voulait plus des émigrés étourdis et brouillons, *qu'elle voulait des Anglais.* Des Anglais déguisés? Non pas, des Anglais avoués, en uniforme, en *habit rouge !* Elle demandait qu'en toute place conquise avec le drapeau blanc, le drapeau anglais fût arboré. Pour un moment? Non pas, pour y rester. On désire que les *Anglais restent* et qu'ils ne s'en aillent pas.

Quand Puisaye eut ainsi magnétisé Pitt, il le désabusa sur le fanatisme de l'Ouest, il le lui montra prêt à recevoir l'assignat de l'étranger, contrefait par les plus habiles graveurs de Hollande ; indiscernables assignats que Cambon eût acceptés. On en ferait d'abord trois milliards à la fois ; de quoi acheter la Bretagne. Ce moyen était sûr. La France était perdue.

Chose piquante, ce projet, qui allait combler les chouans, avait pour base et garantie la ruine de l'émigration. Si l'on en venait là, quel champ superbe de disputes, que de procès entre les royalistes mêmes, quel magnifique espoir de guerre civile ! Car enfin, tous ces milliards d'assignats seraient finalement payés en biens nationaux, biens d'Église, biens d'émigrés. Pitt remercia Dieu.

Puysaye, regorgeant d'assignats, en soûla les chouans. Il payait même d'avance. Il donna à plusieurs jusqu'à deux ans de solde. Mais la merveille, c'est que ces assignats, étant si parfaits, ne pouvant être refusés de personne, il les changeait en or à volonté. Un fleuve d'or coula tout à coup. Chaque prêtre qui partait de Londres avait dix mille livres en louis.

Que pouvait contre tout cela le génie de Hoche? Il avait à lutter contre une force immense, invisible. Il ne pouvait même combattre l'insaisissable ennemi.

La tactique des *honnêtes gens* qui obsédaient le général et les représentants, était de leur persuader que la terrible orgie de sang qui avait saisi le pays (1 chouan, la poche garnie, n'avait plus de travail que de se promener en égorgeant, pillant les patriotes), que ces assassinats n'étaient pas politiques, étaient de simples actes de voleurs, de brigands.

Les chouans avaient, cependant, leurs tigres

et leurs renards : le tigre Cadoudal, le renard Cormatin. Ce dernier regardait vers Londres, rusé et patient, mystifiait les républicains, se moquait d'eux.

Hoche, dans son désir d'arrêter l'effusion du sang, ne refusa pas de voir Cormatin, qui menait toute l'intrigue. Ce chef se donna pour humain et sage, tout à fait ami de la paix. Hoche, suivant son grand cœur, lui parla comme à un homme sincère, rappela ses propres malheurs et s'étendit sur le besoin de sauver le pauvre peuple. Il répéta ce qu'il avait dit dans une lettre : « Qu'ils viennent, qu'ils viennent, je suis prêt à les embrasser. »

« Je suis Français, dit Cormatin, et comme tel je me suis réjoui de vos victoires du Rhin, des Pyrénées. Je sais bien, hélas ! que mon parti, formé par le désespoir, *n'a rien à attendre du dehors.* » Hoche, charmé de le voir dans de bonnes pensées, lui rappela la conduite de l'Angleterre dans la Vendée, et crut l'avoir convaincu que les Vendéens et les émigrés avaient été joués par la coalition.

Mais Hoche n'était pas de ceux qu'on

trompe longtemps. Un jour, il traversait un bois avec Cormatin ; celui-ci, averti par un de ses hommes, dit d'un air mystérieux : « Il y a là *des gens*... je vais leur parler. » Il voulait avoir l'air de protéger le général. — « Je ne veux rien de vous, monsieur, dit Hoche ; je passerai bien sans vous. Restez et tenez-vous derrière. » Cormatin, en grommelant, obéit, se mit derrière ; puis il piqua des deux et disparut dans le bois.

Le cruel mois de mai (1795), qui fut l'éruption des grands massacres du Midi, arracha dans l'Ouest le voile de la fausse paix, hypocrite et sanglante, qui fut le résultat de la pacification de la Jaunais (15 février 1795). Il montra les abîmes qui se cachaient dessous.

Tandis que, de toutes parts, continuaient les assassinats des patriotes, les attaques sur les routes, l'affamement des villes où les chouans empêchaient d'apporter les vivres, les représentants s'obstinaient à croire à cette paix, à dire et redire à la Convention qu'elle avait tout fini.

A la moindre répression, c'était Hoche que

l'on accusait. « Il violait la paix. Il se plaisait à réveiller la guerre, à refaire une Vendée. » Par deux fois, on faillit lui enlever le commandement. C'était plutôt l'indulgence qu'il eût fallu blâmer. La débonnaireté de Carnot (qui dirige la guerre jusqu'en mars), la magnanimité, parfois mal placée, de Hoche émoussaient l'action. Quelle risée les chouans purent faire de sa lettre héroïque, imprudente, au coquin Boishardy ! Il croit à son repentir, il lui ouvre les bras, lui écrit comme un frère, tend sa glorieuse main à cette main sanglante. Nouveaux assassinats. A mort les modérés ! A mort le paysan qui porte son grain à la ville ! A mort les voyageurs les plus inoffensifs ! Ils tuèrent neuf enfants qui s'en allaient à une école de marine.

Les royalistes introduits dans les comités gouvernants de la Convention écrivaient : « *Ce sont les terroristes qu'il faut désarmer* » (terroristes, lisez : patriotes). Autrement dit : désarmez les victimes !

Ces comités crédules, ayant de tels guides, n'entendaient pas les avis de Hoche ; ils entendaient les contes, les fables, les mensonges du rusé Cormatin. Il écrivait impudemment aux comités : « Vous craignez les Anglais. N'ayez peur. Un seul mot de moi les renverra. » Cormatin protégeait la France !

Tout périssait. Le soldat affamé mangeait souvent de l'herbe. Canclaux était malade ; Hoche le devenait. Dans une lettre il avoue son chagrin, « sa misanthropie ».

Dès avril, Charette, le grand meneur de l'insurrection, avait dit qu'il n'acceptait la paix que pour gagner du temps. Cormatin, de son côté, écrit à un chef « qu'il faut dissimuler encore, endormir les républicains, n'agir que de concert avec tous les royalistes de France ». Et surtout, ce qu'il n'ose écrire, attendre la grande flotte anglaise que Puisaye, l'autre fourbe, a obtenue de Pitt, et qui va ramener une armée d'émigrés.

Le 23 mai, un hasard livre à nos représentants ces lettres secrètes de Cormatin. Il est arrêté le 25. La guerre éclate le 26. Tout l'intérieur remue et la côte menace. Double embarras pour Hoche. Il faut qu'il se divise pour faire face aux chouans, protéger les villes, garder les routes. Et, d'autre part, il faudrait au contraire qu'il pût se concentrer pour repousser le débarquement imminent.

Où, et quand, et comment ce débarquement doit-il se faire? On ne peut le prévoir. Hoche est en pleine nuit. Tout est si sûr pour l'ennemi, et si discret du côté des chouans que, pour enlever de la poudre, ils font une course de trente lieues. Cette grande attente dura un mois (du 26 mai au 26 juin).

L'homme de ruse et de calcul, Puisaye, avait obtenu de Pitt l'expédition en promettant qu'il soulèverait la Bretagne, entraînerait la Vendée.

Mais il était difficile d'entraîner le pays dans un même élan. La longueur de la guerre avait fait de chaque armée, de chaque chef, comme une puissance féodale. Et toutes ces puissances dissonnantes au plus haut degré. L'armée d'Anjou, du centre, sous le prêtre Bernier, sous Stofflet le garde-chasse, gouvernée par les prêtres, était clérico-païenne. A gauche, Charette et ses bandes à cheval, al-

lant, venant, virant par les routes embrouil-
lées du Marais vendéen, avec ses amazones
galantes (et très-cruelles), sa dame Montsor-
bier, était l'ennemi des prêtres, peu aimé de
l'émigré. A droite de la Loire et jusqu'à la
Vilaine, au château de Bourmont, Scépeaux avait
dans sa bande force nobles, plusieurs émigrés,
peu sympathiques aussi aux prêtres. Puisaye, qui
tout à l'heure quittera l'Angleterre, était fort
vers Fougères et vers Rennes. En Normandie,
Frotté. Au Morbihan commençait la féroce démocratie du meunier Cadoudal.

II

La côte semblait fort bien gardée au Morbihan par notre flotte, très-forte ; mais l'indisci-
pline de nos marins novices la fit battre (23 juin).
Elle fut bloquée à Lorient. Et l'énorme convoi
que protégeait la flotte anglaise put mouiller
à Carnac, à la large presqu'île de Quiberon,
qui ne tient à la terre que par une langue
étrite.

Elle était très-mal défendue par de petits forts presque vides, sans vivres, qui se rendirent bientôt. Derrière, jusqu'à Auray et Vannes, la sombre contrée, fort boisée de petits chênes, bouillonnait de chouannerie (26 juin 95).

Nul obstacle. Quand Hoche arriva, il trouva que son ordre pour réunir les troupes n'avait pas été obéi. Il n'y avait que quatre cents hommes. Il était réellement assis sur un volcan. Et le pis, un volcan obscur qu'on ne pouvait pas calculer ! Même les villes ne tenaient à rien. D'Auray tout s'enfuit vers Lorient. D'autres vers Rennes. Vannes est tout royaliste. Ce fut comme une traînée de poudre. A Caen, à Rouen, on crie : « Vive le roi ! » La Loire éclate. La grande Nantes est bloquée ! Saint-Malo, miné en dessous, attend une flotte anglaise déjà près de Cherbourg.

Un temps chaud et superbe illuminait Carnac. Ce lieu austère, avec ses vieilles pierres druidiques, sa grève presque toujours déserte, offre tout à coup un grand peuple. Tout sort des bois, des rocs. Trente mille âmes sur la grève, hommes, femmes, enfants, vieillards qui pleurent de joie et remercient Dieu. Ils apportent tout ce qu'ils ont de vivres, ne veulent pas d'argent. Ils sont trop heureux de servir. Tous, femmes, même enfants, ils s'attellent « aux canons du roi », ils les tirent dans le sable, et les hommes se mettent à la nage pour aider à sortir les caisses des bateaux (Puisaye, VI, 144).

Mais que devient cette foule exaltée quand elle voit descendre des vaisseaux, en costume pontifical (ô bonheur !), un évêque ! L'intelligent Puisaye avait chargé la flotte de prêtres (avec dix milliards d'assignats). Les femmes, hors d'elles-mêmes, rouvrent les chapelles, s'y étouffent, les lavent de larmes.

Pauvre peuple ! mais très-redoutable, ayant bien mieux gardé que tous l'étincelle fanatique. Cette grande scène tourbillonnante était pleine d'effroi.

Hoche fut ici superbe de hauteur intrépide et de lucidité. « Du calme ! du secret ! » écrit-il aux généraux. Et à Paris, aux comités : « Soyez tranquilles. »

Sa crainte était pour Brest autant que pour

lui. Il dit à l'officier solide qu'il y met : « Tiens-y jusqu'à la mort ! » En un moment, il ramasse des forces, en emprunte aux généraux voisins. De Paris, rien, qu'une promesse de douze cents hommes, puis de troupes qui viendront tôt ou tard, ou du nord ou des Pyrénées.

Le 5 juillet, il eut treize mille hommes. Point de canons encore, point de cavalerie, qu'il demandait depuis trois mois. L'ennemi, au contraire, avait là tout sous la main, tout un peuple pour lui ; il eut en un moment quinze mille chouans, braves et armés, avec lesquels il occupa Auray.

Puisaye, avec beaucoup de sens, avait choisi le Morbihan, préféré cette côte. La chouannerie y était toute neuve, et dans la plus rude Bretagne, tenace et violente, à têtes dures, étroites, ce qui n'exclut nullement les ruses du sauvage. De plus, chose assez rare, il avait *un homme*. Le féroce Georges Cadoudal fut l'homme vrai de la contrée. Il était du Morbihan même, aussi identique au pays que les cailloux, les chênes trapus, biscornus de la

lande, que les grains sinistres des grèves déso-
lées de Carnac.

Puisaye, lui, avait deux faces. Né Normand,
mais Breton de rôle, c'était un vrai Janus. Il
avait été élevé à Saint-Sulpice, et sa figure
douceâtre de bon séminariste était d'un homme
liant, pliant et prêt à tout.

Son plan, pour Quiberon, était grand et
hardi. Il eût voulu avoir pour lui, bien à lui,
quelque peu de troupes anglaises (point d'émigrés qui devaient tout gâter). Les chouans, ap-
puyés de cette petite base et se lançant à fond
de train, avec leur furieux Georges, allaient
emporter Rennes, remettre la Vendée debout
et l'entraîner. Ce tourbillon rasant la Loire enlevait Nantes, enlevait tout.

Puisaye rend une haute justice à l'énergie
des républicains, à leur activité, et s'accorde
parfaitement avec le récit de Moreau de Jonnès,
un grenadier de Hoche. Il y avait là une jeunesse admirable, celle de Nantes, si éprouvée,
mais si ardemment patriote. Il y avait Rouget
de Lisle, l'auteur de la *Marseillaise,* que Tallien
avait délivré des prisons de la Terreur. Il y

avait ce jeune Moreau de Jonnès, si aimable, toujours souriant, qui nous a donné son excellent récit. Une alacrité héroïque, semblable à celle de Hoche, était en tout le monde, malgré la pénurie des vivres. Le soldat affamé ne trouvait rien ; le chouan trouvait tout. La chaleur était excessive. Ils n'avaient presque que du vinaigre et de l'eau-de-vie.

Contre cet héroïsme, Puisaye croyait à l'héroïsme. Tirer Georges Cadoudal, ce Georges taillé sur le patron des juges d'Israël, d'Aod « qui frappait des deux mains », ou du vaillant et sanguinaire Jéhu ; le tirer de la presqu'île, le relancer au Morbihan, le jeter sur le dos de Hoche comme un tigre ou un jaguar, c'était une idée simple. Dans la réalité, le général républicain, avec ses treize mille hommes, n'avait dans la contrée que le petit espace qui couvrait son camp. Il tenait au bord du pays comme un corps étranger, sans racines. Malgré sa superbe attitude, il avait fort à craindre si, attaqué de front par les troupes régulières de d'Hervilly, le surveillant de Puisaye, il était pris derrière par les chouans. Il suffisait que, même sans agir, ils courussent le pays pour que Hoche manquât de vivres.

Le 16, ils devaient tomber d'ensemble sur les républicains, qui se trouveraient ainsi entre deux feux.

« Attendez le comte d'Artois. Voilà qu'il est en mer. » Et, sur cet avis, le 14, on apprend qu'un secours, en effet, arrive d'Angleterre. Mais ce n'était pas le comte d'Artois ; il promettait toujours et jamais n'était prêt. C'étaient seulement mille hommes menés par un jeune homme, le très-jeune colonel Sombreuil, cher à l'émigration par sa valeur fougueuse, et bien plus encore par le souvenir de sa sœur.

Cette brillante figure de Sombreuil allait éclipser tout. Il ne pouvait arriver que le soir du 15, débarquer que le 16. Le 15, dans l'après-midi, d'Hervilly, sans l'attendre, donna ses ordres pour l'attaque convenue du lendemain. En vain Puisaye, qui reçoit à l'heure même de Londres son titre de général lui subordonnant d'Hervilly, en vain Waren le suppliaient d'attendre le renfort de Sombreuil ; d'Hervilly n'entend rien, n'écoute rien. Ce qui est dit est dit.

Le plan de d'Hervilly était de partir la nuit, de surprendre Hoche à Sainte-Barbe, pendant que Vauban surprendrait le poste de Carnac. Ni l'un ni l'autre n'arriva avant le jour. Nulle surprise. Point de chouans. Quelques coups de feu, tirés au loin. Mais Hoche bien éveillé, en force avec beaucoup d'artillerie qui lui était enfin venue.

D'Hervilly, le voyant de front si imposant, ordonna un mouvement oblique qui présentait son flanc, le faisait défiler tout entier sous le feu de Hoche. Contre ce feu, les canons royalistes, fort bien placés, tonnaient et déjà démontaient les pièces. D'Hervilly les déplace, les porte en bas dans le sable, où ils s'engagent et ne servent plus à rien. Alors il fait retraite avec son régiment. Mais, les autres n'étant pas averfis, on battait d'un côté la charge, et la retraite de l'autre. Le désordre fut au comble, la perte énorme. D'Hervilly blessé mortellement. Tout y eût péri, si Waren, de ses chaloupes canonnières, n'eût fait un feu très-vif, qui enfilait toute la plage et qui arrêta les vainqueurs.

Les dépêches de Hoche montrent bien que

l'histoire ne s'est pas trompée et que c'était un vrai héros. Un grand peuple de femmes, de vieillards et d'enfants restaient encore dans la presqu'île. Hoche seul en a pitié. Il écrit aux représentants, et, par voie indirecte, il expose au Comité de salut public ce qui peut excuser ces malheureux « entraînés par la terreur ou le prestige. Il serait cruel, impolitique de les détruire. Qu'ils désarment, aillent moissonner. »

Des témoins qui ont vu et conté la catastrophe de Quiberon, le seul qui ait tout vu, du commencement à la fin, fut le jeune grenadier de Hoche, Moreau de Jonnès, esprit fort modéré, nullement hostile aux vaincus. Puisaye et Vauban, tous deux couchés chez eux, et loin du fort, furent éveillés par le canon.

C'étaient toujours les nobles étourdis de Rosbach, se piquant de n'avoir pas peur, de ne prendre nulle précaution. Ils s'étaient dispersés le long de la presqu'île, aux lieux les plus commodes comme abris. Leur autre étourderie fut la confiance qu'ils eurent en arrivant au canon anglais sous lequel ils étaient.

On connaît l'effroyable dureté de ces pontons

anglais, où les prisonniers manquaient de tout, même d'air. Eh bien! les ministres anglais, faits aux violences de la *presse*, et d'Hervilly, dur et brutal, avaient imaginé de recruter là-dedans et d'affubler ces misérables d'habits rouges pour les mener contre la France. Le plus simple bon sens disait qu'il ne fallait pas mettre ces gens, enragés d'être avec les ennemis de leur pays, au poste de confiance, au fort Penthièvre. Il est vrai que ce fort, presque entouré de la mer et très-escarpé d'un côté, permettait peu l'évasion. Mais un certain David, l'un d'eux, hasarda tout; il se laissa couler par ces pentes rapides, et reconnut fort bien que ce n'était pas un abîme, mais des assises en gradins, chacune de cinq à six pieds de haut, et que le petit bord, de gradin en gradin, faisait une sorte de sentier, large à peu près d'un pied et demi. Son succès enhardit; et trente-neuf autres, la nuit suivante, usèrent du même chemin.

Hoche, à qui on mena David, craignait un piége et hésitait à risquer ses meilleurs hommes dans un tel casse-cou. On dit que ce fut Tallien qui saisit avidement ce moyen d'abréger.

Comment serait la nuit? claire ou obscure? C'était la question. La soirée n'était pas trop belle. Hoche monta sur un pic assez élevé qu'on nomme la Roche-aux-Fées, et observa. Les troupes répandues tout autour le virent là, reconnurent cette haute figure héroïque, qui se détachait fièrement dans un dernier rayon de soleil. Un cri immense s'éleva, une chaleureuse acclamation (20 juillet, 2 thermidor).

Tout alla bien. La soirée devint sombre ; du côté de l'ennemi, tous s'endormirent avec confiance.

Hoche ne s'endormait pas. Il forme une colonne de grenadiers d'élite sous l'adjudant Ménage, un homme sûr, qui ira par la droite, montera conduit par David, fera l'exécution. Une autre colonne de front doit attaquer, tandis que sur la gauche Humbert tournera le long de la mer.

Ménage et sa colonne devaient marcher une lieue et demie dans les ténèbres, ayant sur eux l'artillerie des forts. Le temps, qu'on désirait mauvais, le fut bien plus qu'on ne voulait. Ce fut un froid orage, qui, venant avec la marée, poussait la vague contre le chemin qu'on suivait, la lançait au visage. On marchait en pleine eau jusqu'à la ceinture. Les fusils se mouillaient et l'on ne pouvait plus compter que sur les baïonnettes. Le chemin devint si étroit, qu'on ne marchait plus qu'à la file le long de cette mer terrible. Une ombre suivait, allait, venait, reconnaissait les chefs, les nommait, les encourageait. Il était là, le bien-aimé et l'intrépide, les réchauffant de son grand cœur.

Mais la montée commence. On n'y voit goutte. On suit David. Ces gradins de cinq ou six pieds qu'il faut escalader, ce fin petit chemin de dix-huit pouces qui en fait le rebord, tout cela étonne un peu nos jeunes soldats, sans parler de l'abîme noir qu'on a dessous, l'aboiement de la folle mer.

Plusieurs à ce moment (Moreau de Jonnès l'avoue) se ressouvinrent de leur enfance et se mirent à dire leurs prières.

Au haut de la plate-forme, la garde s'abritait de la tempête, du vent furieux. Le petit mur est sauté au cri de: « Vive la République ! » Tout

est tué. On se précipite en bas dans le retran-
chement où étaient les batteries. Il était temps.
Elles tonnaient déjà. A la première lueur de
l'aube, on avait distingué une longue ligne
noire; la colonne Humbert s'avançait. On tirait,
quand les canonniers furent pris, assommés
sur leurs pièces.

Cependant, avertie par le bruit, une cha-
loupe canonnière des Anglais fit feu sur cette
colonne, qui fut un moment ébranlée. Rouget
de Lisle, qui y était, dit l'effet surprenant qu'eut
pour la rallier la vue du drapeau tricolore qu'on
eur montra sur le fort, et vainqueur. Ils reviennent, se précipitent, s'emparent des batteries, tuent les premiers qui accouraient au
secours. D'autres se présentent, mais des dé-
serteurs qui crient : « Vive la République! »

Tout avait réussi. Hoche, ravi du fait d'armes de Ménage et de ces jeunes grenadiers,
les récompense à l'instant même. Il savait
comment ces choses veulent être payées pour
des Français. Il dit simplement : « Mes enfants,
j'ai été bien inquiet de vous! » et quelque autre parole de chaleur paternelle... Du reste,

aucun avancement. Hoche établit par là qu'un service si grand ne pouvait se payer.

Hoche, victorieux, fut, comme toujours, magnanime. Il eût voulu sauver Sombreuil, dont la jeunesse l'intéressait. Il écrivit fortement pour les prisonniers chouans; et les témoignages des royalistes eux-mêmes constatent d'abord qu'il ne s'était nullement engagé vis-à-vis d'eux, puis qu'il fit tout néanmoins pour que les vaincus fussent épargnés.

III

Ce coup décisif de Quiberon permit à Hoche, investi d'un pouvoir dictatorial et du commandement des trois armées des côtes, d'appliquer enfin sans scrupule et sans danger son système, à la fois habile et humain, de clémence, qui devrait être la loi de toute guerre civile.

Il commença par désarmer les villages. Il les faisait cerner par ses troupes, on se saisissait des bestiaux, et on ne les rendait qu'en échange des fusils.

Mais ce n'était pas aux mains seulement qu'il fallait arracher les armes. La Convention venait de décréter la loi sur la liberté des cultes; Hoche se hâta de la répandre à profusion dans les campagnes, et prescrivit aux généraux de prêcher et de pratiquer partout la tolérance religieuse. Lui-même il écrivait : « Les Romains, de qui nous approchons un peu, soumettaient les peuples par la force des armes et les gouvernaient par la politique... Il est de la morale et de la politique d'accorder la liberté de conscience à tout être pensant. Une religion quelconque tient quelquefois lieu à l'homme le moins instruit des affections les plus chères; elle peut être pour lui la récompense de ses travaux et le frein de ses passions. » Et s'adressant aux paysans, il leur disait : « Rétablissez vos chaumières, labourez vos champs, et priez Dieu ! »

Hoche s'empressa enfin de lever dans toutes les communes l'état de siége. Il tardait à ce vaillant soldat de se dessaisir de ce moyen extrême ; le gouvernement militaire faisait horreur à ce grand citoyen. « Le gouvernement militaire, écrivait-il, est celui des esclaves, et à ce titre il ne peut convenir à des hommes qui ont acheté de leur sang la liberté française... Eh ! grand Dieu ! que serait-ce qu'une république dont une portion des habitants serait soumise à un seul homme ? que deviendrait la liberté ! »

La générosité de Hoche eut bientôt porté ses fruits. Les campagnes peu à peu se repeuplèrent ; les habitants ne regardèrent plus les bleus comme des ennemis ; Charetto, Stofflet, réduits à une poignée de partisans, trahis, livrés, furent pris et passés par les armes ; d'Antichamp, Scépaux, Bourremont, Saint-Laud, se rendirent et eurent la vie sauve.

Les 28 et 29 messidor an IV, le conseil des Anciens et le conseil des Cinq-Cents décrétèrent que l'armée des côtes de l'Océan avait bien mérité de la patrie ; et Hoche reçut ce nom, plus beau que celui de vainqueur, le nom de *Pacificateur de la Vendée.*

IV

La guerre de Vendée éteinte, Hoche ne pensa qu'à une chose, prendre sa revanche sur l'Angleterre.

Il voyait, il disait, avec le ferme bon sens, la netteté d'esprit qui caractérise les enfants de Paris, que les guerres du continent étaient secondaires, qu'il fallait chercher la guerre à sa source, en Angleterre, au trésor qui soldait les armées du continent.

Le seul moyen d'avertir l'Angleterre, de l'arrêter dans cette guerre que, tranquille elle-même, elle faisait au monde, ce n'était pas, comme le croyait Bonaparte, de la frapper aux Alpes ou en Égypte, mais bien de la secouer fortement et de près en la menaçant pour l'Irlande.

Il ne s'agissait pas même ici de vaincre, mais d'alarmer sans cesse et d'effrayer le commerce, la banque, la bourse, d'intimider l'ennemi et d'enhardir les nôtres.

Tels étaient les projets de Hoche et de son ami l'amiral Truguet. Projets hardis, d'un désintéressement héroïque, puisque même ils n'avaient pas besoin de la victoire.

La descente, véritablement impossible en 1804, quand Napoléon la voulut, était très-possible en 93 et dans les années qui suivirent. Pourquoi? Pour une raison très-simple : l'Angleterre n'était pas avertie, elle n'était pas préparée, elle n'avait pas encore les moyens de défense qu'elle accumula pendant dix ans. En décembre 95, Nelson et Collingwood étaient encore simples capitaines, les amiraux semblaient paralysés, les Anglais quittaient la Corse, la Méditerranée. Ce n'est qu'en 97 que la victoire sur l'Espagne rendra son ascendant à l'Angleterre.

Mais, par-dessus tout, la raison capitale qui

rendait le projet de Hoche aussi raisonnable
que celui de Napoléon, en 1804, était hasardeux, c'est qu'alors il existait là-bas un peuple pour nous recevoir, un peuple qui nous
tendait les bras, *il existait une Irlande ;* elle
n'avait pas encore été noyée dans le sang ;
elle n'était pas encore entrée dans cette carrière de misère croissante et de famine qui
nous a rendus témoins du plus terrible phéno-
mène, l'anéantissement physique d'une race,
sans que cette race disparaisse ni même dimi-
nue de population.

Hoche, en isolant l'Irlande, allait couper le
bras droit à l'Angleterre, et tuer à l'avance
Wellington.

L'entreprise était sans doute incertaine,
mais d'un danger superbe, de ceux auxquels
un héros aimerait à donner sa vie. C'était bien
plus qu'une affaire de guerre et de destruction.
C'était surtout l'évocation, la résurrection d'un
peuple que la France eût tiré du tombeau, d'un
peuple frère, si bon et si aimable

Quel ferment pour l'enthousiasme de notre
jeune marine, haletante de savoir qu'il y a sur

l'autre rivage une autre France qui l'attend ! une France demi-barbare, mais émue, dans l'impatience et le transport de cette grande joie fraternelle ! Les nôtres, frères de ceux qui firent les fédérations de 90, qui continuèrent sur le Rhin les fédérations militaires des armées, s'imaginaient commencer par l'Irlande les fédérations maritimes, et toutes celles du genre humain.

Pendant que Bonaparte et Masséna franchissent les neiges, Hoche affronte les tempêtes de l'Océan (15 décembre). La flotte de Brest n'est pas prête, « il partira seul » (3 novembre 96). Le Directoire refuse la permission. On lui crée obstacles sur obstacles : on n'avait pas assez de voiles ! « Bientôt, dit Hoche, on nous assurera qu'il n'y a pas d'eau dans la mer ! »

Hoche perd ainsi un mois précieux. Découragé, il offre de conduire n'importe où les treize mille hommes réservés à l'expédition. C'était une manière de se rappeler, de se faire donner, enfin, l'ordre de partir ; le Directoire, au contraire, le prend au mot, le félicite d'avoir renoncé.

La flotte fit voile enfin pour l'Irlande,

mais au moins deux jours trop tard. On ne put partir que le 16, par une nuit obscure qui ne permettait pas de se voir en mer, de s'éviter; quatre navires se heurtèrent ; il fallut attendre au lendemain pour se remettre en route. Dans la nuit du 17, nouveau sinistre : le *Séduisant*, au passage du *raz*, s'abîme tout entier dans les flots, avec ses soixante-quatorze canons et les treize cents hommes qui le montaient.

La flotte avait pour point de ralliement un port d'Irlande, la baie de Bantry. Une épouvantable tempête s'élève dans la nuit du 18, la jette aux écueils, Hoche au plus loin. En son absence, le contre-amiral Bouvet rallie ce qui lui reste, et, la tempête apaisée, il entre dans la baie avec dix-sept vaisseaux qui portaient 7,000 hommes. Mais, le vent ayant repris, il coupe les câbles et cingle vers la France. Désemparée une seconde fois par la tempête, il fallut à la flotte quinze grands jours pour regagner le port de Brest.

Comme elle y entrait, Hoche arrivait à Bantry. Personne ! une mer vide ! On lui dit que la flotte, sans avoir débarqué, était repartie.

Il faillit en mourir de douleur.

Le Directoire n'ajouta pas par des reproches à l'amertume que Hoche pouvait ressentir de ce grand rêve perdu, ou tout au moins ajourné. Il le rappela, l'éloigna du théâtre de ce revers. Il l'envoya sur le Rhin avec le commandement de l'armée de Sambre-et-Meuse.

Hoche, dans sa conviction obstinée, écrivait cependant au général Hédouville : « Ma fortune me menât-elle avec cette armée aux portes de Vienne, ce que j'espère, je la quitterais encore pour aller à Dublin, et de là à Londres. »

V

SAMBRE-ET-MEUSE

I

La joie des royalistes fut à son comble quand ils virent leurs alliés, les Anglais, échappés au péril dont les menaçait l'expédition d'Irlande. Par quatre fois, ils avaient tenté d'assassiner Hoche. En vain. Cette fois, ils tâchèrent de le tuer dans l'opinion en le déclarant à jamais un héros *malheureux*, haï de la fortune. Lui-même pouvait le croire. Il arriva néanmoins sur le Rhin, toujours plein d'ardeur pour sa tâche et de foi dans la République.

« Cette armée de Sambre-et-Meuse est désorganisée, écrivait-il à Truguet ; mais j'en connais les éléments divers, j'y saurai rétablir l'harmonie ; je vais réorganiser, créer ; je vais m'y rendre autant comme administrateur que comme chef militaire. »

A son génie militaire Hoche joignait en effet le génie administratif. A peine arrivé au Rhin, il s'aperçut que son armée mourait de faim dans un pays qui regorgeait de vivres. Il écrit au Directoire, lui demande de supprimer les administrations françaises qui ne sont au courant ni des mœurs ni des ressources, de rendre aux pays occupés leurs baillis.

Le Directoire, devenu plus sage, lui donna l'autorité suprême. Hoche institua une commission intermédiaire de cinq membres pour gérer les provinces conquises. Bientôt le soldat est chaussé, habillé, nourri. La discipline est rétablie, l'enthousiasme est réveillé. Hoche, au bout de deux mois, écrit au Directoire : « Il est impossible d'avoir une armée plus belle, plus brave et mieux disciplinée. Avec elle un général est sûr de vaincre bientôt les ennemis... Que la campagne s'ouvre, et rien ne pourra nous empêcher d'aller jusqu'à Vienne... »

La campagne s'ouvre en effet ; une merveilleuse campagne de six jours. Hoche passe hardiment le Rhin en présence des Autrichiens retranchés sur la rive droite. Il remporte alors sur eux l'éclatante victoire de Neuwied, où l'ennemi, contraint de s'enfuir en désordre, laisse au pouvoir des Français 7,000 prisonniers, 7 drapeaux, 27 canons et 500 chevaux. En même temps les Autrichiens sont battus à Ukerath, Altenkirchen et Dierdorf. Hoche se met à leur poursuite, fait faire en quatre jours trente-cinq lieues à son armée, livre chemin faisant trois batailles et cinq combats, et culbute l'ennemi en toute rencontre, lui prenant canons, caissons et provisions. Son avant-garde, aux ordres de Lefebvre, franchit la Nidda défendue par l'élite de la cavalerie impériale. Nos chasseurs à cheval vont entrer pêle-mêle à Francfort.

Hoche écrit au Directoire : « Mon armée est forte de 86,000 hommes ; j'en peux porter à l'instant 70,000 sur le Danube, et contraindre l'ennemi à une paix plus avantageuse à la République... »

C'est à ce moment qu'un courrier, arrivé de

l'armée d'Italie, apporte les préliminaires de paix signés à Léoben.

Bonaparte venait de renier le principe même de la République, en livrant Venise à l'Autriche. Que voulait-il donc par ce traité ? Sans nul doute arrêter Hoche dans ses succès. Il en était si impatient qu'au lieu d'écrire d'abord au Directoire à Paris qu'il venait de signer la paix, contre toute convenance il écrivit d'abord à Hoche qui entrait à Francfort, afin de l'arrêter et de lui fermer la campagne. Pour excuser cette précipitation inconcevable, il prétend, dans sa lettre aux directeurs, qu'on l'avait averti seulement du mouvement de Hoche, et *non de celui de Moreau :* « J'ai cru la campagne perdue ; que nous serions battus les uns après les autres, et j'ai conclu la paix. » (Correspondance, 31 avril, t. II, p. 12.)

Étrange assertion, injurieuse pour Hoche ; comme si ce grand nom faisait présager des défaites !

II

Hoche, dans son magnanime patriotisme,

fut néanmoins heureux de cette paix qui l'arrêtait au milieu de ses triomphes. Il écrivit au général Berthier : « Je dois me féliciter avec tous les Français de la bonne nouvelle que vous me transmettez. » Et au Directoire : « L'armée de Sambre-et-Meuse a accueilli la nouvelle de la paix avec la plus douce émotion. »

Il prêtait à Bonaparte les hautes vertus de dévouement et d'abnégation qui étaient en lui. Sa grande âme ne donnait accès qu'à deux sentiments : l'amitié, l'admiration. On le vit bien lorsque les patriotes reprochèrent au Directoire de soutenir en Bonaparte, non pas un général, mais un vrai tyran d'Italie qui, sans compter avec la République, agissait de sa tête, soutenait les despotes, le Piémont, le pape, etc. Ils demandaient qu'il fût rappelé, arrêté. Mais par qui arrêté, à la tête des troupes, de l'enthousiaste armée d'Italie? Par qui? Par le général Hoche.

Hoche fut indigné de ce bruit. Bonaparte semblait son ennemi et avait toujours eu de mauvais procédés pour lui. Dans le même

temps les partisans du futur empereur faisaient publier la gravure où on voit Bonaparte
très-grand (il était petit), qui montre la carte
d'Italie d'un geste vainqueur ; Hoche, petit
(nous avons dit qu'il était très-grand), montre
Quiberon, triste et comme s'excusant.

Tout cela ne fit que tenter le cœur de Hoche,
et, par une sublime imprévoyance, il se déclara le garant, il se fit la caution de celui
qu'il appelait son frère d'armes. Dans une
belle lettre, il répond en termes magnifiques
du patriotisme de Bonaparte : « Ah! brave
jeune homme, quel est le militaire républicain
qui ne brûle de t'imiter? Conduis à Naples, à
Vienne, nos armées victorieuses. Réponds à
tes ennemis personnels en humiliant les rois,
en donnant à nos armes un lustre nouveau, et
laisse-nous le soin de ta gloire ! Compte sur
notre reconnaissance... »

Hoche ajoute : « Compte aussi que, fidèles à
la Constitution, nous la défendrons contre les
attaques des ennemis de l'intérieur. »

III

Dès que les hostilités sont suspendues sur le Rhin, la pensée de Hoche se reporte sur l'Irlande. « L'armée de Sambre-et-Meuse, écrit-il au Directoire, renferme beaucoup d'hommes qui pensent comme moi sur le compte des Anglais. » Le Directoire entra dans ses vues. La Hollande, cette fois, prêterait à l'expédition le concours de sa flotte. Hoche court aussitôt à la Haye pour accélérer les préparatifs, puis revient trier dans l'armée de Sambre-et-Meuse le corps d'élite qui lui est nécessaire, et le dirige sur Brest, désigné comme port de départ. Le tout avec le plus de secret possible, afin de surprendre l'Angleterre.

A ce moment, le parti royaliste, de tous côtés, relevait la tête. Il appelait à Paris la Vendée qui s'était refaite ; elle arrivait, sans fusils, mais avec de très-bons pistolets de fabrique anglaise. Le Directoire n'avait de force à Paris qu'une garde de deux cent cinquante cavaliers.

11.

Et le Corps législatif, outre sa garde de mille hommes, avait ici deux armées à son choix : la garde nationale qu'organisait Pichegru, puis l'armée inconnue des bandes de Vendée, des verdets du Midi et des gens de l'émigration.

Le Directoire pensa un moment à confier à Hoche le ministère de la guerre ; par malheur le jeune général n'avait pas l'âge requis par la Constitution.

Mais au même instant marchait vers Brest, devant passer nécessairement par Paris, l'avant-garde de l'armée républicaine de Hoche, la cavalerie de Sambre-et-Meuse. Les escadrons invincibles de Richepanse suivaient. Ce fut pour les royalistes la tête de Méduse.

Par l'ignorance d'un commissaire de la guerre, la division des chasseurs de Richepanse avait dépassé, aux environs de Paris, la limite constitutionnelle fixée aux troupes. La majorité royaliste du conseil des Cinq-Cents, d'abord épouvantée, s'irrite, se plaint au Directoire, qui dit que la chose n'a eu lieu que par erreur. Mais cette armée, où allait-elle ? Hoche, sur les contributions levées par lui, avait pu épar-

gner les sommes nécessaires au mouvement de
ses troupes. D'où provenait cet argent? Il fallut
laisser éventer le secret de la marche sur Brest
et compromettre une seconde fois l'expédition
d'Irlande !

Les contre-révolutionnaires n'en crient que
plus haut à la trahison. Ils veulent mettre
Hoche en jugement. Ce jeune homme, si fier,
blessé du tour qu'on eût voulu donner à une
affaire qui touchait l'honneur, la caisse de l'armée, répondait à tout : « Je veux être jugé. »

Barras se taisait. Jourdan, indigné des accusations que portaient contre cet homme in-
tègre ceux qu'on savait être ses ennemis personnels, entre autres le général Willot, s'écria :
« Les coupables de son espèce ont droit aux
remercîments de la patrie reconnaissante. »

Hoche s'en retourna à Wetzlar, son quartier
général, le cœur ulcéré. Il sentait la révolution
en péril. Mais, sans revenir à Paris, il sut
faire agir contre les royalistes son inflammable
armée de Sambre-et-Meuse. Dans la sombre
fête tragique qu'on célébrait chaque année pour
les morts du 10 août, ses généraux portèrent

au banquet des toasts significatifs : « A la haine des ennemis de la République ! — Aux membres du conseil des Cinq-Cents qui veulent le maintien de la Constitution ! — Aux membres du gouvernement qui étoufferont les factions royalistes ! » Hoche lui-même souffla l'orage, disant : « Ne les quittez pas encore, ces armes terribles avec lesquelles vous avez tant de fois fixé la victoire ; il faut avant tout assurer la tranquillité intérieure que des rebelles aux lois républicaines essaient de troubler. » Plusieurs des officiers de Hoche eurent des permissions pour aller à Paris, entre autres Chérin, son ami, chef de son état-major, et le vaillant Lemoine, l'un des vainqueurs de Quiberon.

La journée du 18 fructidor fit échouer la conspiration royaliste et tira Hoche de ses patriotiques angoisses.

Moreau étant destitué par le Directoire, Hoche reçut le commandement de l'armée d'Allemagne, composée des armées réunies de Sambre-et-Meuse et du Rhin.

VI

LA MORT

« Que la mort est amère ! » me disaient des
vieillards. « Qui nous consolera de la mort du
général Hoche? Elle nous parut celle de la
République elle-même. »

Il meurt à vingt-neuf ans ; tué par le chagrin?
empoisonné ? on ne sait. A l'autopsie, son es-
tomac et ses intestins présentèrent de larges
taches noires. Depuis son dernier voyage à
Paris, ce jeune homme si robuste était consumé
d'un feu qu'il ne pouvait éteindre. « Suis-je
donc vêtu, disait-il, de la robe de Nessus? »

Il expira dans les bras de sa jeune femme,
le 19 septembre 1797.

Hoche trouva, lui aussi, la mort amère, parce

qu'au moment où elle le prenait, il sentait qu'il serait peut-être utile contre Bonaparte. Il commençait à juger cette gloire nouvelle, cet astre inquiétant qui se levait vers l'Italie. « S'il veut se faire despote, disait-il à M. O'Connor, de qui je le tiens, il faudra qu'il me passe sur le corps ! »

Hoche, lui, avait dit ce mot : « Je vaincrai la contre-révolution, *et alors je briserai mon épée.* »

Nous avons montré comment nul homme plus que lui n'eût réussi à combattre Bonaparte, parce que nul ne fut plus aimé. Nul aussi n'eut plus d'ennemis. Les royalistes d'abord, qui voyaient en lui l'épée de la République. Les fournisseurs ensuite, agioteurs, voleurs, corbeaux suivant l'armée. Faut-il le dire enfin ? les « militaires », une classe nouvelle, avide, à laquelle il fallait un autre homme, *un bon maître* qui laissât piller. Les bureaux de la guerre, on l'a vu, furent toujours contre Hoche.

Il eut, lui aussi, des projets immenses, mais non pas de guerre, de paix. Il rêva la résur-

rection de deux peuples, les Irlandais et les
Wallons.

« ... Si Hoche eût débarqué en Irlande (c'est
Napoléon qui parle), il aurait sans doute réussi
dans ses projets ; il possédait toutes les qualités nécessaires pour en assurer le succès. »
Aujourd'hui, hélas ! l'Irlande est perdue, comme
la Pologne. Corrompue, elle se vend pour aller
combattre et jouir dans l'Inde, ou elle émigre en
Amérique, sans y devenir Yankee. Elle revient,
comme un mort non vengé !..

Pour les Wallons, ces demi-Français si sympathiques et si vaillants, Hoche eût fondé la
République de la Meuse, eût réveillé ce génie
méconnu, le génie de la Meuse, de la Moselle et
du Rhin vinicole, si différent de l'Allemagne.

Napoléon a osé écrire de Hoche : « Il était
ambitieux ! » Ambitieux, oui, sans doute, il le
fut, mais, on le voit, de cette humaine et
généreuse ambition, plus haute que le trône,
plus haute que la victoire même !

LES GUERRES DE DÉLIVRANCE

LES GUERRES DE DÉLIVRANCE

I

Pour comprendre ce que furent les armées
de la République et la grande vie morale qui
les animait, il faut se rappeler leur origine.
Elles sortaient des fédérations fraternelles. Elles
étaient parties d'un autel.

Sur cet autel, en 90, la France armée (trois
millions d'hommes), avait juré deux choses,
qui sont le symbole de la Révolution : l'u-
nité de la patrie et l'affranchissement du
monde. A cette première réunion, armée mais
pacifique encore, la France se donna rendez-

vous. Elle tint parole en 92, elle partit tout entière aux croisades de la liberté.

Dès ces grandes journées de juillet 90, quand
on vit tout un canton, parfois tout un département en armes, il ne fut pas difficile de prévoir
les immortelles demi-brigades de la République.
Quand on vit ensuite les fédérations immenses
qui réunirent plusieurs départements ensemble,
et ces grands corps de fédérés qui, grossissant
toujours, s'augmentant, se donnant la main,
formaient à travers la France les chœurs et
les farandoles de la nouvelle amitié, on pouvait
voir en esprit que ces hommes, en 92, fidèles
au serment de 90, constitueraient nos grandes
fédérations militaires.

Aussi, lorsque la déclaration de Pilnitz courut
la campagne, sous la forme insolente et provo-
cante de la lettre de Bouillé, et y tomba comme
un défi, elle fut, comme telle, saluée d'une
longue clameur de joie.

« Eh ! c'est ce que nous demandions ! » Ce fut
le cri général. Marseille sollicitait, dès mars 91,
de marcher au Rhin. En juin, tout le Nord, tout
l'Est, de Givet jusqu'à Grenoble, se montra,

et au même moment, hérissé d'acier. Le Centre s'ébranle. A Arcis, sur dix mille mâles, trois mille partent. Dans tel village, Argenteuil par exemple, tous partent, sans exception. L'embarras fut seulement qu'on ne savait où les diriger. Le mouvement n'en gagnait pas moins, comme les longues vibrations d'un immense tremblement de terre. La Gironde écrit qu'elle n'enverra pas, qu'elle ira ; elle s'engage à marcher tout entière, en corps de peuple, tous les mâles, quatre-vingt-dix mille hommes ; le commerce de Bordeaux que ruinait la Révolution, le vigneron qu'elle enrichissait, s'offraient unanimement.

Une chose suffit pour caractériser cette époque, un mot d'éternelle mémoire. Dans le décret du 28 décembre 91, qui organise les gardes nationaux volontaires et les engage pour un an, la peine dont on menace ceux qui quitteraient avant l'année, c'est que, « pendant dix ans, ils seront privés de *l'honneur d'être soldats* ».

Voilà un peuple bien changé ! Rien ne l'effrayait plus, avant la Révolution, que le service militaire. J'ai sous les yeux ce triste aveu de

Quesnay : « Les fils de fermier ont tellement l'horreur de la milice qu'ils aiment mieux quitter les campagnes et vont se cacher dans les villes. » (ENCYCLOPÉDIE, article *Fermiers*, page 537.)

Qu'est devenue maintenant la race timide et servile qui portait la tête si bas, la bête encore à quatre pattes ? Je ne peux plus la trouver. Aujourd'hui, ce sont des hommes.

Il n'y eut jamais un labour d'octobre comme celui de 91, celui où le laboureur, sérieusement averti par Varennes et par Pilnitz, songea pour la première fois, roula en esprit ses périls et toutes les conquêtes de la Révolution qu'on voulait lui arracher. Son travail, animé d'une indignation guerrière, était déjà pour lui une campagne en esprit. Il labourait en soldat, imprimait à la charrue le pas militaire, et, touchant ses bêtes d'un plus sévère aiguillon, criait à l'une : Hu ! la Prusse ! à l'autre : Va donc, l'Autriche ! Le bœuf marchait comme un cheval, le soc allait âpre et rapide, le noir sillon fumait plein de souffle et de vie.

A Paris, dans le Jura et ailleurs, les femmes

déclaraient que les hommes pouvaient partir, qu'elles s'armeraient de piques, qu'elles suffiraient bien au service intérieur. Elles avaient si vivement senti, pour leurs familles et leurs enfants, le bienfait de la Révolution, qu'au prix des plus grands sacrifices elles brûlaient de la défendre.

Il y eut dès ce moment, et dans toute l'année sacrée 92, des scènes véritablement admirables et héroïques dans le sein de chaque famille. Un frère partant, tous les autres, et les plus jeunes, voulaient partir et juraient qu'ils étaient hommes. La jeune fille ordonnait à son fiancé de s'armer, fixait les noces à la victoire. La jeune femme, tout en larmes et les bras chargés de petits enfants, menait son époux elle-même et lui disait : « Va, ne regarde pas si je pleure, sauve-nous, sauve la République, la liberté, l'avenir, et les enfants de tes enfants ! »

Où donc est l'ancienne armée? Elle a comme disparu. La nouvelle, si nombreuse, l'eût étouffée sans combattre, seulement en se serrant.

La France est un soldat, on l'a dit ; elle l'est

depuis ce jour. Ce jour, une race nouvelle sort de terre, chez laquelle les enfants naissent avec des dents pour déchirer la cartouche, avec de grandes jambes infatigables pour aller du Caire au Kremlin, avec le don magnifique de pouvoir marcher, combattre sans manger, de vivre d'esprit.

D'esprit, de gaieté, d'espérance. Qui donc a droit d'espérer si ce n'est celui qui porte en lui l'affranchissement du monde?

La France était-elle avant ce jour? On pourrait le contester. Elle devint, tout à la fois, une épée et un principe; elle eut, du même coup, la force avec l'idée.

Ce qui fut aussi le caractère de ces armées
sorties du grand élan de 90, c'est que jamais,
dans nulle autre, la fraternité militaire n'eut
un caractère plus touchant. Ces volontaires
partis ensemble, par bandes de voisins et d'a-
mis, par quartiers et par villages, semblaient
moins des corps d'armée que des fédérations
de famille.

Là fut vraiment la beauté des armées de la
République. Elles sentaient, aimaient d'autant
mieux la patrie qu'elles la considéraient comme
le sublime ensemble de toutes leurs affections.

Elles méritent, ces armées, qu'on écrive aux
champs de bataille où elles ont laissé leurs

dépouilles la simple et touchante épitaphe donnée dans l'antiquité à deux capitaines grecs :

« Ils moururent irréprochables dans la guerre et dans l'amitié. »

Chacune de ces armées formée ainsi dans la même province, et non mêlée, garda ce caractère de fraternité primitive. Chacune fut une personne, eut une personnalité originale et distincte : l'armée de Sambre-et-Meuse, tellement républicaine et soumise à la loi ; la pacificatrice armée de l'Ouest ; la ferme et grave armée du Rhin, de glorieuse patience, victorieuse jusqu'en ses retraites ; la rapide et foudroyante armée d'Italie.

Ces armées, qui étaient des peuples, disons mieux, la patrie même en ce qu'elle eut de plus ardent, demandaient d'aller ensemble et de combattre par masses, *les amis avec les amis,* comme disait le soldat. Amis et amis, parents et parents, voisins et voisins, Français et Français, partis en se donnant la main, la difficulté n'était pas de les retenir ensemble, mais bien de les séparer. Les isoler, c'était leur ôter la meilleure partie de leurs forces.

Ces grandes légions populaires étaient comme des corps vivants ; ne pas les faire agir par masses, c'eût été les démembrer. Et ces masses n'étaient pas des foules confuses ; plus on les laissait nombreuses, plus elles allaient en bon ordre. « Plus on est d'amis, mieux ça marche ! » c'est encore un mot populaire.

L'audace vint aux généraux dès qu'ils eurent remarqué ceci. Ils virent qu'avec ces populations éminemment sociables, où tous s'électrisent par tous et en proportion du nombre, il fallait agir par grands corps. Le monde eut ce nouveau spectacle de voir des hommes par cent mille qui marchaient mus d'un même souffle, d'un même élan, d'un même cœur.

Voilà l'origine réelle de la guerre moderne. Il n'y eut là d'abord ni art ni système. Elle sortit du cœur de la France, de sa sociabilité. Les tacticiens ici n'auraient jamais trouvé la tactique ; ce n'était point du calcul. Des chefs inspirés le virent et en profitèrent ; leur gloire, c'est de l'avoir vu.

Ils ne l'auraient pas vu sans doute s'ils n'avaient eu en eux-mêmes l'étincelle de ces grandes foules. Ils l'eurent parce qu'ils en sortaient.

Dumouriez, lui, ne se douta nullement de l'instrument qu'il employait. Il ne connut pas la guerre nouvelle, la guerre d'ensemble et par masses, qui donna cette terrible unité de mouvements aux armées de la liberté. Les généraux monarchistes ne pouvaient pas comprendre ce sublime et profond mystère de la solidarité moderne, des vastes guerres d'amitié.

La beauté de ce moment, c'est que l'âme de la France y fut tout assise en la foi, qu'elle se mit au-dessus des raisonnements, des petits calculs, qu'elle laissa La Fayette et autres se traîner dans la logique et dans la prose, s'enquérir inquiètement du possible et du raisonnable.

Oui, la guerre était absurde dans les seules données qu'on avait quand elle commença. Pour la faire, il fallait une foi immense, croire à la force contagieuse du principe proclamé par la France, à la victoire infaillible de la justice ; croire aussi que, dans l'immensité du mouvement où la nation tout entière se préci-

pitait, tous les obstacles intérieurs, les petites malveillances, les essais de trahison se trouveraient neutralisés, et qu'il n'y aurait pas de cœur d'homme, tant dur et perfide fût-il, qui ne changeât, devant ce spectacle unique de la rencontre des peuples courant l'un à l'autre en frères et pleurant dans l'émotion du premier embrassement.

Tous ces héros fraternels, avec leur touchant esprit de dévouement et de sacrifice, ils se perdirent et s'absorbèrent dans les glorieuses légions dont chacune fut pour eux une France sur la terre étrangère. Ces admirables soldats, partis pour tant d'années de guerre, et qui la plupart ne devaient pas revenir, avaient emporté la patrie dans ces grandes sociétés héroïques qui étaient alors les armées. Où qu'ils fussent, c'était la France.

Et c'est la France encore aujourd'hui, et à jamais, partout où ces amis fidèles ont ensemble laissé leurs os.

Étrangers qui regardez avec respect et terreur ces collines d'ossements qu'ont laissées chez vous nos grandes légions, sachez qu'elles ne furent pas seulement terribles, mais vénérables. Ce qui leur donna la victoire et cette redoutable unité dans le combat, ce fut l'unité des cœurs et la confraternité. Gardez-vous de faire seulement honneur de ces choses à tel ou tel homme. Des monuments seront élevés (quand la France se réveillera) à ces prodigieuses armées ; à elles, non à leurs généraux. Les hommes de guerre habiles ne garderont pas pour eux seuls la gloire d'un peuple de héros. C'est assez et c'est beaucoup que les noms et les images de ces heureux capitaines soient inscrits à leur vraie place, au pied même du monument.

La guerre que firent ces premières armées de la Révolution fut une guerre sainte s'il en fut jamais, une guerre de foi et d'amour, une guerre véritablement pacifique, car elle voulait fonder la paix du monde.

La liberté n'y frappait les peuples esclaves qu'en brisant leurs chaînes. Pour leurs balles et pour leurs boulets, on leur apportait le bienfait des lois.

Toutes ces guerres s'inspiraient de cette pensée si attendrissante, si vraie alors : Que le monde en ce moment avait le même cœur et voulait la même chose ; qu'il s'agissait d'écarter, le fer à la main, les barrières de tyrannie qui nous séparent barbarement ; et que, ces barrières abaissées, il n'y avait plus d'ennemis ; ceux qui se croyaient les nôtres allaient se jeter dans nos bras !

Ce qui emplissait tous les cœurs, c'était la pitié, non la haine. La parole de Voltaire, « l'humanité », était le mot d'ordre et la loi.

Quand les Français, après la bataille de Valmy, virent passer par charrettes les Prussiens malades, pâles de faim et de fièvre, brisés par la dyssenterie, ils s'arrêtèrent court, les laissèrent s'en aller. Ceux qu'ils prirent, ce fut pour les soigner dans les hôpitaux français. A Strasbourg, soldats et bourgeois traitèrent les prisonniers comme des frères ; on partagea le pain et les provisions avec eux ; on emplit leurs poches de journaux et de brochures patriotiques, et, quand ils partirent, on fit une contribution générale pour leur acheter du tabac. Les nôtres cependant n'avaient pas même de souliers.

Les cœurs de ces prisonniers furent aussitôt conquis. Ils demandèrent du papier, de l'encre, et écrivirent en Allemagne que le Rhin

n'existait plus, qu'il n'y avait ni France ni
Allemagne, mais que tous étaient des frères
et qu'il ne fallait plus qu'une nation au monde.

La Révolution avait conscience qu'elle apportait à l'Europe la délivrance, et l'Europe
avit conscience qu'elle la recevait.

La Convention avait dressé, le 21 septembre,
au pavillon des Tuileries, le drapeau de la République. Deux mois n'étaient pas écoulés, et
tous les peuples environnants l'avaient em-
brassé, ce drapeau, l'avaient planté sur les
tours de leurs villes.

Le 25 et le 29 septembre, Chambéry, Nice,
ouvrent leurs portes, la porte de l'Italie.
Mayence, le 24 octobre, reçoit nos armées aux
applaudissements de l'Allemagne. Le 14 novembre, le drapeau tricolore est arboré sur
Bruxelles ; l'Angleterre et la Hollande le voient
avec terreur flotter à la tour d'Anvers.

En deux mois, la Révolution avait, tout autour, inondé ses rivages ; elle montait comme le
Nil, salutaire et féconde, parmi les bénédictions
des hommes.

Le plus merveilleux, dans cette conquête

admirable, c'est que ce n'était pas une conquête. Ce n'était rien autre chose qu'un mutuel élan de fraternité. Deux frères, longtemps séparés, se retrouvent, s'embrassent; voilà cette grande et simple histoire.

Belle victoire ! l'unique ! et qui ne s'est revue jamais ! il n'y avait pas de vaincus.

La France ne donna qu'un coup, et la chaîne fut brisée. Elle frappa ce coup à Jemmapes. Elle le frappa avec l'autorité de la loi, en chantant son hymne sacré. Les soldats barbares frémirent dans leurs redoutes, sous trois étages de feux, lorsqu'ils virent venir un chœur de cinquante mille hommes qui marchaient à eux en chantant : « Allons, enfants de la patrie ! »

Tous les peuples répétèrent : « Allons, enfants de la France ! » et se jetèrent dans nos bras.

C'était un spectacle étrange. Nos chants faisaient tomber toutes les murailles des villes. Les Français arrivaient aux portes avec le drapeau tricolore. Ils les trouvaient ouvertes. Seulement ils ne pouvaient passer. Tout le monde venait à leur rencontre et les reconnaissait sans les avoir jamais vus. Les hommes les embrassaient; les femmes les bénissaient; les enfants les désarmaient. On leur prenait des mains leur drapeau, et tous disaient : « C'est le nôtre ! »

Grande et bonne journée pour nos nouveaux amis ! ils gagnaient par nous en un jour toute la conquête des siècles. Cet héritage de raison et de liberté, pour lequel tant d'hommes soupirèrent en vain, cette terre promise qu'ils auraient voulu entrevoir au prix de leur vie, la générosité de la France les donnait pour rien à qui en voulait.

Déjà trois années durant elle avait formulé en lois cette sagesse des siècles; déjà elle avait souffert pour ces lois, les avait gagnées de son sang, gagnées de ses larmes. Ces lois, ce sang et ces larmes, elle les donnait à tous, leur disant : « C'est mon sang, buvez ! »

IV

Souvent l'hôte devenait un ami. Beaucoup des nôtres s'affligèrent de quitter l'Allemagne. Mais combien plus ils souffrirent de quitter le corps, le régiment, lors du barbare démembrement que fit Napoléon, en 1808, de la grande armée de 1805 !

Cette cruelle dispersion rompit tout à coup les vieilles habitudes, et tant de souvenirs ! L'ambition occupe l'esprit des généraux ; mais le soldat, lui, sans autre perspective que la vie de chaque jour, n'a nul autre lien qu'avec ses camarades. Si ce n'était plus alors la famille de citoyens des premiers jours, c'était toujours du moins la famille militaire.

Hoche, Ney et d'autres encore, tenaient fort à ce système[1]; mais non pas Bonaparte, élevé aux écoles aristocratiques, et qui, loin de favoriser les amitiés militaires, trouvait profit politique à attiser les jalousies, les rivalités de ses principaux lieutenants[2].

Habitué à voir les hommes comme de purs instruments, il oublia que les armées d'Italie et d'Égypte avaient dû leurs grands succès à leur forte cohésion.

La Grande Armée, moins identique, était encore, dans les moments de crise, comme un vaste orchestre où, avec des sons différents, règne la même harmonie.

Napoléon dut s'en souvenir amèrement plus tard, au milieu de ses revers, quand la Grande Armée, toujours vaillante, mais scindée, bri-

1. Hoche ne mélange pas les corps. Il réunit les hommes qui ont mêmes affections. « Il ne faut pas séparer, disait-il, le général Richepanse, connu des chasseurs à cheval, du général Lefebvre, qui l'estime et l'honore ; ni le général Klein, connu des dragons, de Championnet dont il fut l'ami. » (*Mémoires de Ney*, t. I, p. 263.)

2. On peut voir dans Ségur Napoléon se plaisant à faire quereller Murat et Davoust, pendant que, du pied, il joue avec un boulet russe (t. I, p. 331. Édition 1825).

sée, se trouva en face de peuples qui, à leur tour, apportaient au combat une même âme.

En repassant le Rhin, se faisait le divorce. Ceux qu'on envoyait en Espagne se sentaient orphelins lorsqu'on les séparait de ces vieilles moustaches qui les avaient conduits et instruits jusque-là.

Et cette armée d'Espagne, dont les chefs furent rappelés un moment pour Wagram, puis rentrèrent en Espagne pour aller à Moscou, était irritée, excédée de ces tiraillements.

Nos soldats si gais, au temps de la République, changèrent alors de caractè.e, restèrent obéissants, mais devinrent *grognards*.

L'Espagne même y fit beaucoup, les transforma cruellement. Ce climat africain, froid l'hiver, brûlant l'été, ces longues plaines d'un sable salé, les séchèrent, les aigrirent. La fuite, l'éloignement, l'horreur visible des populations ensauvagèrent les nôtres, et souvent les rendirent impitoyables. Les résistances atrocement héroïques de Saragosse et autres villes n'imposèrent point l'admiration ; le carnaval des moines qui y était mêlé rendait tout cela

burlesque pour un Français. Et non sans apparence. Quoi ! ces efforts désespérés épouvan-
tables, pour rétablir un Ferdinand et restaurer
l'Inquisition !

La fureur, cette maladie qui si facilement
fait bouillonner l'Espagne, comme on l'a toujours vu dans les persécutions des Juifs, des
Maures, est fort contagieuse et se gagne aisément ; on le vit dans les siéges obstinés de
1808. Des assiégés, des assaillants, quels
étaient les plus furieux ?

Après Wagram, on demandait à Bonaparte
pourquoi il n'avait pas attendu, comme à Austerlitz, que l'ennemi commençât à l'envelopper.
Il dit : « Cette armée de Wagram, ce n'est
plus l'armée d'Austerlitz ! »

Disons-le cependant, si l'armée, par son démembrement, avait beaucoup perdu de ses
hautes qualités morales, elle avait toujours ses
grandes qualités militaires, qui se reproduisaient
en partie, même dans la jeune armée des cons-
crits de 1808. Seulement, on n'avait plus la foi,
on exagérait le temps qui serait nécessaire pour
refaire, rajuster cette énorme machine ; on

croyait qu'il y faudrait au moins six **mois**. On ne voyait pas que, pour entraîner cette jeunesse, il suffisait de mettre au milieu d'elle un Lannes, par exemple, encore bouillant de Saragosse, un de ces grands drapeaux vivants, dont la flamme électrique pouvait emporter tout.

V

Malgré cette justice rendue aux vaillantes
armées de l'Empire, nous voici bien loin déjà
du point de départ.

La France, en 91, apparaissait jeune et pure,
comme la vierge de la liberté. Le monde était
amoureux d'elle. Du Rhin, des Pays-Bas, des
Alpes, des voix, nous l'avons dit, l'invoquaient,
suppliantes. Elle n'avait qu'à mettre un pied
hors des frontières, elle était reçue à genoux.
Elle ne venait pas comme une nation, elle venait comme la justice, comme la raison éternelle, ne demandant rien aux hommes que de
réaliser leurs meilleures pensées, que de faire
triompher leur droit.

Qui ne vous regrettera, jours sacrés, où la France n'était pas encore entrée dans la violence, ni l'Europe dans la haine et l'envie ! Tout cela allait changer, les peuples allaient tourner contre nous avec les rois. Mais alors, sous l'apparence d'une guerre imminente, il y avait au fond, dans la grande âme européenne, une attendrissante concorde.

Souvenir doux et amer ! Il a laissé une larme jusque dans les yeux secs de Gœthe, du grand douteur, du grand moqueur, qui lui-même s'intitule : « l'ami des tyrans ». Cette larme, nous aussi, nous l'aurons toujours au cœur ; elle nous revient souvent, éveillé ou endormi, avec un mortel regret pour la fortune de la France ; nous la retrouvons souvent au matin, cette larme, sur l'oreiller.

DEUXIÈME PARTIE

SOUS LE DERNIER BONAPARTE

MAMELI

MAMELI

I

La marseillaise italienne de 1848, *Fratelli d'Italia !* le chant que tous les Italiens ont chanté dans ces furieux combats qui ont étonné le monde, est un chant de fraternité. C'est plutôt une chanson vive, gaie, ardente, qui exprime, avec un caractère singulier de naïveté et de jeunesse, la joie de combattre ensemble, le charme de l'amitié nouvelle entre tous les peuples italiens, étonnés du bonheur de se trouver réunis.

Ce chant n'est guère traduisible. Il ne vaut

que par le rhythme et le mouvement. Il ne faut pas même le lire ; il doit se chanter. S'est-il écrit ? je ne le sais. Son jeune auteur, Mameli, l'aura chanté quelque jour au milieu de l'action, parmi le sifflement des balles, comme une vive excitation à serrer les rangs : « Aimons-nous ! unissons-nous... Serrons-nous en bataillons ! Soyons prêts à la mort ! » etc.

Cet enfant de dix-huit ans, mort à vingt, au siége de Rome, a, pendant deux ans, chanté, combattu d'un bout à l'autre de l'Italie, ravi d'avoir une patrie, de trouver tant de camarades, de frères qu'il n'avait pas connus !

Il va, et, sur toutes les routes, il embrasse l'Italie dans chaque Italien. Je le rencontre partout. Il chante pour Milan ; il pleure, mendie pour Venise ; il combat pour Rome, plein de larmes et plein de joie, plein de rêverie, de songe, d'amour, parfois de regret de la vie... Mais, si l'on se bat, il est gai. J'entends pardessus les batailles sa voix d'alouette matinale qui s'envole et qui monte au ciel.

En tout, il a vécu deux ans, de septembre 47 à juillet 49. Il a passé, chanteur rapide, comme un léger souffle dans l'air, parmi les vents de la tempête. Mais la tempête bruyante, le tumulte du combat, la foudre du canon même, n'ont pas empêché d'entendre la jeune et perçante voix de cet héroïque enfant, qui, de la joie de son âge, de sa sérénité et de son sourire, illumina, aux plus sinistres moments, le front sombre de l'Italie.

Enfant, chantre, héros d'un jour, comment définirai-je cette jeune apparition ?

Si je lui cherchais un symbole, je le verrais volontiers dans une petite fleur sanglante, née du sang des Bandiera.

Lorsque les deux frères martyrs trouvèrent la mort à Cozenza, en 1844, Mameli avait quinze ans. Il était au moment où les impressions sont fortes et définitives. Le coup reçu dans la Calabre eut un contre-coup à Gênes dans l'âme du jeune enfant. Mameli devint poëte, par la grâce des deux martyrs, et il naquit de leur mort.

Génération mystérieuse, dont l'Italie, plus qu'aucun peuple, nous présente les exemples! Une parenté intime, une hérédité sublime, s'établit entre les hommes qui ne se sont jamais vus. La mort, ici, est féconde autant que l'amour. Deux Vénitiens, immolés en Calabre, renaissent par toute l'Italie, et se créent, de l'Etna aux Alpes, une grande postérité.

Tout le monde se rappelle le frémissement d'horreur et d'admiration qu'éprouva toute l'Europe, à la nouvelle de la mort des Bandiera. Ce n'étaient pas les premiers martyrs que l'Italie donnait à la liberté. Mais, ici, il y avait eu une chose extraordinaire.

Ceux-ci savaient parfaitement qu'ils ne réussiraient pas. Leur entreprise était connue d'avance, et, depuis longtemps, leur secret dans les mains de tout le monde. L'Autriche même les priait de ne pas se perdre en vain. Leur mère vint, désespérée, les conjurer de s'abstenir, et se roula à leurs pieds. La jeune épouse de l'un d'eux eut la magnanimité de n'essayer rien pour les arrêter ; il n'en était pas moins sûr que, lui mort, elle mourrait. Quelle fureur de mourir était-ce donc? Leurs amis en étaient étonnés, presque indignés. Tout le monde les détournait.

Et tout le monde se trompait, et eux seuls avaient raison. Leur intime et profonde pensée était que la terre d'Italie avait soif, qu'il y avait trop de temps qu'elle n'avait bu la sainte rosée qui la maintient féconde, et que l'âme italienne, abattue, défaillante, avait besoin d'être soutenue d'un grand sacrifice. Ils crurent qu'il fallait des victimes à la liberté, et ils se sentirent désignés d'en haut.

La devise de la jeune Italie est d'une éloquence sombre : « Maintenant et *toujours* » (*ora e sempre*). La branche de cyprès transmise aux affiliés leur en traduit le sens. *Toujours !* Pour qu'il soit toujours vert, ce cyprès des anciens martyrs, il faut qu'incessamment coule au pied le sang de leurs fils.

L'Italie reçut ainsi un enseignement nouveau, exactement opposé à celui des politiques : le *mépris du succès*, l'utilité des revers, le profit des tentatives qu'on dit avortées. Elle apprit que les hommes dévoués servent souvent mieux leur cause par l'effusion de leur sang qu'ils n'auraient fait par la victoire.

Voilà la noble leçon que donnèrent les Bandiera, et comment l'Italie, élevée au-dessus d'elle-même, entra dans le sentiment d'une moralité nouvelle. Ce peuple plein d'âme et de génie sentit ce grand mystère, la vertu du sang librement versé.

Profond fut le silence. Mais tous furent transformés, tous placèrent leur pensée plus haut que la victoire même, dans une sphère de sainteté. Et, le lendemain même, ils vainquirent. Belle justice de Dieu!

Quand l'Italie reçut cette commotion électrique de la mort des Bandiera, Mameli étudiait à Gênes. La nouvelle le frappa sur son
banc, au collége, chez les Scolopes, institu-
teurs ecclésiastiques de la jeunesse italienne. Il
apprit et leur mort sublime et ce qu'ils dirent
au prêtre qui voulait les aider à mourir : « Nos
œuvres, nous l'espérons, nous réconcilient avec
Dieu plus que vos paroles. Gardez vos paroles
pour prêcher à nos frères opprimés *la religion
de la liberté et de l'égalité.* »

Mameli alors se trouva poëte, et bégaya un
chant, celui même qu'il a publié deux ans
après :

« Bien des fois, j'ai tenté pour vous un cantique sacré ; mais toujours le courroux me resserrait le cœur, mon chant finissait en sanglot... Non, une voix d'esclave ne dira pas l'hymne des forts... Libres un jour, nous pourrons vous nommer. »

Le poëte enfant, dans ce beau chant d'une virilité si précoce, accorde un mot à l'amour, un mot grave et touchant. Il rappelle le silence héroïque de madame Bandiera, qui n'arrêta pas son époux et qui mourut de sa mort : « Reines des cœurs, apprenez comme on aime!.. Jetez sur sa tombe une fleur. »

Mameli, comme les Bandiera, était fils d'un officier de marine. La famille de sa mère comptait deux doges de Gênes, et des plus amis de la liberté. Il était né très-faible, d'un tempérament lymphatique et nerveux. Souvent malade dans son enfance, il avait donné à ses parents de grandes inquiétudes et n'avait été conservé que par les soins infinis de sa mère. Longtemps on défendit de le faire étudier. Mis fort tard aux écoles, il fit ses études en trois ans ; le grec, les mathématiques, la philosophie, il prit tout à la course, et réussit dans tout. Son écueil fut le droit. Il ne put voir sans un profond dégoût la Babel des lois italiennes : des lois en foule, et point de droit !

Le Piémont avait compilé un code de vieilleries gothiques. Naples, hypocritement, gardait le code français pour le violer dans tous les sens. La torture et la bastonnade florissaient en Sicile. A Rome, toutes les lois du moyen âge ; je me trompe, une seule, la fantaisie des prêtres. Le confessionnal était l'auxiliaire du bureau de police ; le curé dénonciateur, sur l'aveu du matin, vous faisait arrêter le soir.

Il faudrait un gros livre pour dire la moindre partie des maux qu'endurait l'Italie. Je tais sa misère financière, la succion terrible qu'exerçaient sur elle les vampires implacables qu'on appelait gouvernement, clergé. La seule Lombardie, en peu d'années, paya deux milliards à l'Autriche ! Les couvents du Piémont, en quinze ans, se firent donner cent millions par l'État !... Parlons plutôt de l'appauvrissement des âmes, de la ruine des consciences, de l'effort continu, persévérant, systématique, pour dégrader les hommes.

Toutes les forces publiques combinées pour l'espionnage, pour rendre tous espions, pour imposer la lâcheté, pour inculquer la peur : peur d'être lâche et peur de ne pas l'être, peur de paraître avoir eu peur. Tous craignant tous et s'en défiant ; chacun travaillant à toute heure à parler peu, à n'agir point, à s'annuler lui-même.

Comment l'Italie a-t-elle résisté à cette terrible éducation de la bassesse? Comment a-t-elle gardé en dessous des forces cachées, secrètes, qui, un matin, jaillirent en prodigieuses étincelles et firent voir aux tyrans consternés, au-dessus de leurs têtes, tout un volcan de flammes vengeresses? Grand problème! Une telle éducation brisa le caractère espagnol au seizième siècle, transforma en espions tout un peuple ; chacun se fit honneur d'être familier de l'Inquisition.

Il faut en remercier d'abord le grand passé de l'Italie, les grands morts italiens, qui, du fond de leurs urnes, ont toujours prêché à voix

basse, jamais ne se sont tus. Les sbires et les
soldats d'Autriche erraient le jour et remplis-
saient les rues ; mais, la nuit, c'étaient les héros
de l'ancien temps, les nobles génies du nouveau ; leurs ombres hantaient les villes. Ils ne
permettaient pas que l'on dormît.

La nature italienne aussi a en soi une chose
heureuse, indestructible, son élasticité d'ar-
tiste. Pliez-la, et, de force, abaissez-lui la tête ;
elle l'abaisse... et les yeux sont au ciel ! Et plus
la patrie réelle est misérable, plus elle regarde
en haut la patrie idéale dans l'art et l'éternelle
beauté.

On sait la joie de l'Italie, et la profonde
respiration qu'elle tira de sa poitrine quand
Dieu ôta de Rome la lourde pierre qu'elle avait
sur le cœur, le pesant Grégoire XVI. Un autre
arrive, doux et bénin, Pie IX, plein de bonnes
paroles. On dut pourtant s'en défier, quand il
n'accorda l'amnistie qu'à ceux qui désavouaient
leurs principes et se déshonoraient. Comment
s'y trompa-t-on ? Quel que pût être l'homme,
n'était-il pas, comme pape, le gardien de l'autorité en ce monde, l'ennemi de la liberté,
et, comme souverain, l'ennemi de la liberté italienne, dans laquelle il eût disparu ?

L'unité ! Cette pensée de salut, proclamée

par la voix de l'homme qui a été vingt ans la
conscience de l'Italie, l'*unité* qu'en 1830 on
appelait un rêve, en 1847 apparut comme un
dogme. L'apôtre de ce dogme, Mazzini, se
trouva, en puissance, le chef de la révolution
qui se faisait. Cette influence balança, domina
peu à peu l'engouement de surprise qu'avait
inspiré l'idole papale.

Le mouvement de Gênes, en septembre 1847,
fut la première occasion où parut Mameli. Il
lança son chant d'unité, *Fratelli d'Italia*, que
toute l'Italie adopta peu à peu.

Il fit son chemin, ce petit chant ; il pénétra
partout ; il s'en alla comme une voix d'oiseau
glissant sur le sillon. Le montagnard de Gênes
le chanta au laboureur lombard, celui-ci au
pâtre de Rome, d'où il passa à la Calabre ;
l'écho le redit sous l'Etna.

Le premier, Mameli chanta. Le premier, il
déploya la bannière tricolore qui fut celle de
l'Italie.

Il se fait tous les ans une procession solen-
nelle où Gênes célèbre la glorieuse délivrance
de 1746, l'expulsion des Autrichiens. Mameli y

parut à la tête des étudiants, portant le drapeau du réveil, le grand drapeau de la patrie.
La fête changea de caractère. Ce n'était plus
l'ancienne délivrance d'une ville qu'on célébrait ; c'était la prochaine délivrance de la
nation tout entière.

L'élan partit de la Sicile, on s'en souvient.
Avant Paris et Février, avant Vienne et son
jour de mars, Palerme, le 12 janvier, eut son
éruption.

Il n'y eut jamais une chose plus hardie. Les
Siciliens, en parfaits chevaliers, deux mois
d'avance, avaient averti Ferdinand qu'à tel
jour, s'il ne s'amendait, ils tireraient l'épée. Ils
tinrent parole. L'explosion eut lieu au théâtre, par le cri vraiment italien : « Mort à l'Autriche ! » Noble cri fraternel ; la Sicile, au
premier réveil, demandait la liberté pour tous ;
avant de parler d'elle-même, elle posa la révolution comme l'expulsion des barbares, et
demanda tout d'abord l'affranchissement de la
Lombardie !

Grand peuple ! belle révolution, qu'il faut
donner en exemple à toute la terre ! C'était

celle de la fraternité. Toutes les anciennes haines avaient cessé. Chacun, prenant les armes, stipulait pour ses ennemis. Si long-temps opprimés par Naples, les Siciliens furent pour elle admirables. A Palerme, un blessé dit à son camarade : « Prends ce mouchoir san-glant, va le porter à Naples, et dis-lui que ce sang fut aussi versé pour elle. »

Mais le triomphe de la fraternité italienne fut aux terribles journées de mars, quand Milan, étouffée dans le sang, au milieu des hor-reurs d'un combat acharné, libre déjà au cœur, captive encore en sa ceinture que tenait le barbare, poussa le cri de détresse à toute l'Italie.

De tous les points du cercle neigeux qui en-toure la plaine lombarde, Milan vit de ses tours quelque chose descendre, comme de noirs tor-rents. C'étaient des hommes. Tous vinrent au pas de course. Les volontaires de la Suisse ita-lienne, emmenant tout Como et toute sa mon-tagne, arrivèrent dans un tourbillon. Des bandes descendaient de la Valteline, d'autres montaient du Pô. Les autorités du Piémont eurent beau faire, les volontaires (Mameli en était) ne les écoutèrent pas. Sauf quatre-vingts qu'on retint, en les arrêtant sur le lac Majeur, tous arrivèrent en armes dans la plaine de Milan.

Mais comment pénétrer? On entendait du dehors, tout autour, rouler au fond de la cité les bruits de la bataille ! On la voyait, la grande victime, dans son noir nuage de poudre ! Nul moyen d'arriver à elle ! Haletante et sans voix pour se faire entendre au dehors, elle lançait, de moment en moment, comme un cri: *Au secours !* quelque léger ballon, qui venait pardessus les murs apprendre aux amis désolés les variations du combat et l'excès du péril.

Quand le vent chassait la fumée, on voyait une chose cruelle ; sur les toits de marbre de la cathédrale, dans ses innombrables aiguilles, au milieu des statues des saints, nichaient d'affreux oiseaux de mort, les tireurs infaillibles, les carabiniers du Tyrol, qui, de là, à plaisir, distribuaient les balles, plongeant à volonté derrière les barricades, ou criblant les fenêtres, le dernier asile domestique, s'amusant à frapper, aux combles des maisons, les femmes tremblantes et les enfants.

Cette abomination cessa enfin. Les populations du dehors s'élancent dans Milan, hommes de toutes tribus. Dans les cinq jours que dura le combat, on vint de cinquante et de soixante lieues. Les Romains, avant la fin de mars, étaient partis dix mille au secours de la Lombardie. Pour Gênes, elle se révoltait, si le roi de Piémont ne se fût engagé à défendre la cause des Lombards. Il l'avoua aux Autrichiens : « Si je ne me bats contre vous, il faut que je me batte contre mes sujets. »

Toute l'Italie s'embrassa dans Milan. Telle fut la joie qu'on voulut que l'ennemi en eût sa part. Les prisonniers croates, qui venaient de donner des preuves inouïes d'inhumanité, reçurent des vivres, des vêtements, tout ce qu'il leur fallait, en abondance. On trouva dans je ne sais quels trous les agents de l'Autriche, ses espions, tel entre autres exécré depuis trente ans. On les renvoya tous, avec de bons traitements.

IV

On se tromperait si l'on considérait la révolution italienne comme un simple écho, une
émanation de celle de février. D'abord elle est
antérieure. Les premiers mouvements de Gênes
se manifestèrent en septembre 1847. L'explosion de la Sicile se fit le 12 janvier. Le 3 et le
4 janvier, eut lieu à Milan l'indigne massacre
d'une population sans armes ; le prétexte en
fut, comme on sait, la guerre de mépris, de
risée que les Italiens faisaient aux ignobles
tumeurs allemands.

Les mouvements de Paris, pour l'aspect
comme pour la cause, différèrent infiniment de
ceux des villes italiennes. Nos ouvriers raison-

neurs, avec la grande tradition militaire qui est
en France, combattaient aux barricades avec
moins d'émotion. Que voulaient-ils? Principa-
lement une organisation meilleure du travail,
de la société matérielle. Les Italiens, bien plus
jeunes dans la voie des révolutions, avaient à
conquérir trois choses : l'indépendance d'abord
et l'expulsion des barbares, puis l'unité de la
patrie, enfin les garanties morales de l'existence
elle-même, la sécurité du foyer et de la famille,
la liberté de la pensée, la conscience même et
l'honneur, la faculté de vivre et de mourir sans
devenir un espion ! Ils combattaient, il faut le
dire, pour ce qui est le tout de l'homme. Rien
d'étonnant s'ils déployèrent une passion, un
élan qu'aucune révolution n'a surpassés peut-
être, et qui frappèrent l'ennemi d'étonnement
et de stupeur.

Un des généraux autrichiens qui ont noyé dans
le sang l'infortunée Brescia, le vieux Nugent,
blessé à mort devant cette ville, l'a constituée
elle-même héritière de tous ses biens, comme
la plus vaillante population que, dans sa longue
carrière militaire, il eût rencontrée jamais.

Deux choses portaient au comble l'exaltation italienne : l'unité d'une grande patrie sentie pour la première fois, et le bonheur imprévu de se trouver si vaillants. Ils n'en savaient rien eux-mêmes, au bout de cette longue paix. Quoique les armées de Napoléon eussent mis en grande lumière la bravoure de diverses populations italiennes, comme les Piémontais et les Romagnols, l'Italie ne savait pas que, dans toutes ses tribus indistinctement, au jour de la grande crise, elle serait héroïque. On parlait légèrement de la mollesse des Toscans, par exemple, de la mobilité des Napolitains, qui en feraient, disait-on, de mauvais soldats. Et les cinq mille volontaires qu'ont fournis ces nations à la guerre lombarde ont tout au moins égalé ceux des parties de l'Italie réputées les plus militaires.

Les femmes de Messine, pendant le bombardement, filaient sur leur porte. Et quand l'étranger, au bruit, baissait la tête ou pressait le pas, elles disaient froidement : « Mais, quoi ! ce n'est qu'une bombe ! »

V

Un flot immense de poésie va et vient dans toute cette guerre, roule de l'Etna aux Alpes, des Alpes à Venise, à Rome. La grande patrie retrouvée, l'antiquité ressuscitée, un ciel d'avenir entr'ouvert ! l'Italie, hier vieille et veuve, assise par terre dans la cendre, aujourd'hui jeune, debout, plus haute que le mont Blanc, et forte comme vingt armées !

C'était, pour ceux mêmes qui faisaient cette grandeur, un sujet de prodigieux étonnement. A travers le sang, les larmes, les bouleversements, les batailles, on sent partout, dans ce peuple italien de 1848, une forte et violente joie. Tout ce monde de ressuscités, à chaque coup, à chaque douleur, a poussé les chants de la vie.

On regrettera à jamais que cette poésie guer-rière n'ait point été recueillie. Mais qui avait le temps d'écrire?

Remercions du moins les amis de notre jeune Mameli, ses compagnons d'armes, qui recueil-lirent à son insu les jeunes voix sorties de son sein parmi les combats et qui, envolées à peine, étaient oubliées de lui.

« Ne quittons pas le glaive tant qu'il y a de la terre esclave dans notre grande Italie ! tant que l'Italie n'est pas une, des Alpes jusqu'à la mer !

» Tant qu'il reste un cœur, un bras, elle ira flottante, altière, pour la rédemption des peu-ples, la bannière aux trois couleurs, qui, née sur les échafauds, descend terrible aux armées, parmi les vaillants qui jurent :

» Non, ne quittons pas le glaive, etc. »

Je renonce à traduire. Il faut qu'on sache une chose, c'est qu'on ne traduit jamais. Chaque langue a sa puissance, qui ne passe nullement aux autres. Une langue ne prête pas son âme, pas plus qu'un homme son cœur. Comment surtout pourrais-je rendre cette éclatante harmonie italienne, splendide comme le soleil ? Comment ferais-je entendre ce rhythme haletant, ce souffle pressé, cette forte intonation, déterminée, héroïque, dans la basse (*Non deporrem la spada*), et, par moment, perçante, comme un éclat de trompette, *clangor !* comme dit le latin ; puis la voix qui redescend, qui ressaisit avec force la finale grave et virile qui revient de strophe en strophe, comme un guerrier acharné : *Non deporrem la spada?*

VI

Je ne fais pas ici l'histoire. C'est trop tôt. Et
il y a aussi trop de rougeur pour la France.
Tout homme au monde, excepté nous, peut raconter ces événements...

Ce que je disais tout à l'heure du caractère
vraiment jeune de cette révolution, ne se con-
firma que trop quand on la vit poétique, exaltée, se fier à l'égoïste politique des gouvernants.

Que l'incapacité ait eu aussi une large part
en tout cela, les vieilles routines militaires, nul
n'en doute. Les deux éléments associés étaient
inconciliables ; les masses italiennes soulevées,
ces admirables volontaires qui, de tous côtés,

en chantant, se précipitaient vers le nord, et,
d'autre part, la sombre, lourde, froide aristo-
cratie piémontaise, c'était un violent contraste.
La lave tout ardente plongée dans la neige !
un Vésuve dans un glacier ! Il n'était pas ma-
laisé de prévoir l'événement, qui fut un grand
malheur pour le présent, mais sans doute aussi
un bonheur pour l'avenir.

La royauté et le peuple firent un contraste
admirable. L'une abandonna Venise, puis la
ligne de l'Adige, puis trahit Milan. Et le peuple
lombard déclara que Venise était lui-même,
que Vérone était lui-même, que l'Adige était
lui-même, et que, plutôt que de s'en séparer,
il aimait mieux périr.

Il ne faut donc point accuser ici les Piémontais, les Génois. Est-ce qu'on ne vit pas, à ce
déplorable abandon de Milan, quand toute la
population, saisie d'horreur à l'approche des
Autrichiens, sortait de ses murs, hommes,
femmes, enfants, les Piémontais désolés aider
les pauvres émigrants, emporter les petits enfants qui ne pouvaient pas marcher ?

Quels furent aussi l'émotion, l'enthousiasme

de Gênes, quand elle apprit l'héroïque réponse de Venise, qui, seule, sans secours au monde, délaissée des troupes sardes, délaissée des troupes du pape, déclara qu'elle résistait !

Ce fut pour notre Mameli l'occasion d'un triomphe. Une grande réunion du peuple se fit au théâtre de Gênes, et son jeune poëte, paraissant sur la scène, *mendia pour Venise* dans un de ses chants les plus sublimes :

« Aux rives de l'Adriatique, il est une grande mendiante, de souvenir, de gloire immortelle... Demandez à l'antiquité !... » etc.

Ce beau chant pour Venise est aussi une douloureuse lamentation sur les destinées de Milan, sur celles de l'Italie, qui « hélas ! a cru aux rois. » Ce dernier mot revient à chaque strophe avec l'accent naïf d'une complainte.

Depuis les temps de la Grèce, où le poëte-soldat Eschyle jouait lui-même sur le théâtre les *Perses* qu'il avait vaincus, jamais peut-être l'histoire, vivante et palpitante, n'avait paru ainsi sur la scène. Ce beau jeune homme, hier soldat de la liberté italienne, aujourd'hui son chantre, son poëte, et la défendant de ses larmes, en arracha à tout le peuple.

Mais, dans cette douleur même, pour tout homme qui embrassait la destinée de l'Italie, il y avait aussi de la joie. En songeant que, pendant tant de siècles, la vie de Gênes ne fut rien que la guerre contre Venise, pouvait-on ne pas admirer la différence des temps? N'était-ce pas un beau spectacle de voir ce blond fils des doges, aimable et délicate fleur de l'antiquité, qui venait pleurer sur Venise ; et le peuple entier de Gênes applaudir la gloire vénitienne, s'associer d'un cœur ardent à la grandeur de ses anciens ennemis, et les embrasser fraternellement dans la pensée de la patrie nouvelle ?

Cette patrie, la vraie, la grande, celle qui définitivement doit rallier un jour l'Italie, la patrie républicaine, elle avait apparu dès le 3 août, aux portes de Milan. Garibaldi était à Bergame, avec 4,000 Lombards républicains ; il eut l'idée audacieuse de pousser en avant et d'aller vers Milan même. Une bannière nouvelle flottait, avec cette devise : *Dio e il popolo*. Dans cette marche forcée apparut, la carabine sur l'épaule, l'homme qui, de ses écrits, de sa parole, fut si longtemps la conscience de l'Italie républicaine. On reconnut Mazzini. Une acclamation unanime salua le grand Italien, et on lui remit le dra-

VII

L'Italie est véritablement le pays de la beauté. Cela apparaît dans toute son histoire ; nulle part plus que dans l'histoire de ces deux années. La révolution italienne, admirablement belle dans ses accidents héroïques, l'a été plus encore dans sa forme et dans son progrès général. Et comme la beauté, dans les œuvres de Dieu, n'est qu'un signe de l'excellence, la révolution la plus belle est aussi la plus instructive, la plus salutaire leçon, et pour l'Italie et pour le monde.

Je m'explique. Cette révolution de deux ans semble construite habilement comme un ouvrage d'art, un grand drame tragique, ou, si l'on veut, une initiation sainte, et bien ménagée par Dieu même.

Elle commence aux deux pôles extérieurs de l'Italie, à l'Etna et aux Alpes. La royauté barbare de l'Autrichien en Lombardie, celle du Napolitain, gendre et allié de l'Autriche, finissent tout d'abord dans le sang.

Mais la royauté italienne pourrait tromper encore et laisser des illusions ; le Piémont se charge d'éclairer l'Italie ; il enseigne le mépris des rois.

Les faux dieux sont brisés ; un seul reste, l'idole des idoles. Restent les derniers idolâtres, les partisans du pape ; insensés qui rattachent l'espérance de la liberté à son ennemi, au représentant même de l'autorité sur la terre, au concurrent impie de Dieu. La question s'approfondit, elle entre au sanctuaire ; l'Italie touche le nœud même de la révolution, la démonstration du mensonge des mensonges, la fausse incarnation du prêtre-roi.

Pour ce grand et dernier mystère, la scène est le cœur même de l'Italie ; c'est Rome. Rome proclame la foi nouvelle, élève la bannière : *Dio e il Popolo.* Elle la soutient ferme devant le poignard fratricide. Tragique issue, douloureuse à jamais !... Mais peut-être jamais autrement, sans cet événement impie, la suprême impiété, le sanguinaire Baal n'aurait disparu de ce monde.

Cela fini, tout est fini. Applaudissez, pleurez !...

Non, pas encore ! La sentinelle avancée, l'héroïque Venise, tient contre le destin. Rome est morte, la Hongrie est morte ; Venise, restée seule, proteste pour le monde ; elle tombe et plonge au fond des mers.

Voilà tout le drame italien. Palerme, Messine, Milan en font l'exposition. Le nœud est le Piémont. Le cœur du drame est Rome. Le sublime épilogue, enfin, est la défense de Venise.

Revenons au moment, au beau moment, solennel à jamais, où la révolution, déjà brisée à Naples, brisée en Lombardie, se relève plus haute à Rome, en grandissant par les revers, et y prend son vrai nom : *République* (9 février 1849).

VIII

Personne ne calcula les chances. Tout s'était
assombri dans cette année funèbre. La France,
depuis juin 1848, restait assise à terre, muette
sous son crêpe noir. Les révolutions discor-
dantes de l'Europe se combattaient entre elles.
Le Danube offrait l'affreuse scène d'un grand
combat de frères, comme celui où les vieilles
tribus barbares s'exterminèrent entre elles
sur le corps d'Attila.

L'Italie elle-même manquait. Alors Rome
commence. « Nous nous levons alors ! » comme
dit le grand Corneille. Ou encore, le mot de sa
Médée : « Moi, dis-je, et c'est assez. »

Le nom seul, le grand nom de Rome jeta tous

les cœurs italiens dans un vertige de joie. Tous paraissaient sentir d'instinct que la question du monde allait se vider là, qu'une révélation en surgirait, une grande et nouvelle lumière sur la situation du genre humain. Les collines saintes de Rome sont les seules assez hautes pour que le flambeau allumé se voie de toutes les nations.

Telle fut la pensée italienne à ce moment, telle l'ardente espérance de ceux qui se jetèrent dans Rome, sûrs de servir le monde, et sûrs, pour récompense, d'avoir six pieds de terre romaine, et de mêler leurs cendres à la cendre des morts que le temps ne peut faire mourir.

Violente fut la joie de Mameli. Il écrivit à Mazzini trois mots : « *Roma! Republica! venite!* »

Tout l'horizon se tendait de ténèbres ; la lumière se concentrait dans Rome. Charles-Albert abdiquait ; Messine et Brescia s'étaient affaissées dans le sang ; Palerme succombait ; la Toscane hésitait et se tenait à part. A toute mauvaise nouvelle, Rome grandissait de cœur ;

son sourire de défi répondait à l'acharnement du sort, aux menaces du destin.

Un seul coup était imprévu, un seul ne semblait pas possible : l'invasion française.

IX

Le jour commence à se faire sur cette expédition. On sait comment fut trompée l'Assemblée constituante, qui allait se dissoudre. Le
président même du conseil le fut d'abord lui-
même. Le général ne le fut pas. La veille du
départ, il ne daigna même voir les ministres,
hors un seul, l'homme de l'Église, l'homme du
pape, le sinistre personnage dont le frère était
près de Pie IX, celui qui reste à jamais dans
nos fastes marqué d'un sceau sanglant, pour la
proposition fatale (juin 48) qui décida et porta
à la liberté le coup dont elle est morte.

La France, elle, ignorait entièrement qu'une
telle chose, le siége de Rome, fût possible.

15.

Elle ne savait pas quels généraux avait formés la guerre d'Afrique ; encore moins prévoyait-elle ce que lui coûterait à elle-même l'élévation de celui qui, dans une caverne, avait brûlé douze cents victimes humaines !

Je n'ai point, grâce à Dieu, à raconter cette guerre... L'Achille à qui la chose fut confiée, disons mieux, le prudent Ulysse, apportait deux papiers, l'un public pour afficher : « Nous respectons les vœux de la population romaine » ; l'autre secret pour garder dans la poche : « Vous briserez les résistances. »

Mais on ne croyait à aucune résistance. On disait hautement : « Les Romains ne se battent pas ». On envahit leur territoire, on menace leurs murs, on avance sans précaution, comme s'il s'agissait d'une razzia sur un pauvre petit camp arabe et de l'enlèvement de quelques troupeaux.

La veille cependant, le 29, les cavaliers des deux partis s'étaient déjà rencontrés en plaine et avaient tiré les uns sur les autres.

Le 30, on supposait sans doute que les habitants divisés allaient livrer la ville eux-mêmes.

Toute la population en effet vint au-devant,
mais armée, avec une unanimité terrible.

Grande surprise! perte énorme des nôtres!
cris *à la trahison!* On l'écrit vite en France.
L'honneur est engagé. Il faut une vengeance,
il faut du sang, il faut punir ce peuple qui a
osé se défendre! crime inouï, c'est vrai, de se
battre en pleine guerre et de repousser qui
vous assaille!

Les pieux personnages de Paris et de Gaëte
en rendirent grâce à Dieu. Sans cet heureux
échec, sans le préjugé militaire une fois réveillé, l'armée française se fût souvenue d'elle-
même, de la fraternité et de la république.

Ce grand succès de Rome, au 30 avril, appartient tout entier aux Romains. Dans les
forces que Garibaldi mena au combat, il n'y
avait pas cinq cents étrangers; il n'avait avec
lui qu'une légion romaine et le bataillon uni-
versitaire, les jeunes gens des écoles. Les
étrangers n'affluèrent qu'ensuite; il vint alors
des Italiens de toutes parts, jusqu'au nombre
de quinze cents; un petit corps de deux cents

Polonais ; une compagnie mixte enfin de Belges
et de Français.

Plusieurs de nos compatriotes, Laviron,
Pilhes, Rodrigue, et d'autres, désespérés de
cette guerre impie, blessés au cœur du coup
terrible que recevait la France, vinrent là, de
leurs personnes, protester qu'elle n'était pour
rien dans ce crime, et, au prix de leur sang,
détournèrent l'anathème et la malédiction de
l'Italie.

X

La Rome antique n'a pas vu un triomphe comme celui dont la Rome moderne offrit le spectacle, le 30 avril au soir. C'était le baptême de la république, sa vraie fondation.

Ceux qui revenaient du combat virent, en rentrant dans Rome, tout le peuple qui les saluait; et le peuple de tous les siècles, les ombres des héros, les générations de l'antiquité. Ils rentrèrent sous une pluie de fleurs. Des cris de joie et de bénédiction, des vivats frénétiques éclataient des fenêtres. Les dames, descendues sur les places, recevaient les vainqueurs avec les palmes et les lauriers, ravissantes de joie et de larmes.

Que devenait l'âme du poëte, de notre Mameli, le cœur de celui qui, disent ses amis, aimait tant les femmes et les fleurs, et quelle dut être son ivresse, dans ce triomphe du printemps, dans cette aurore de Rome, dans cette fête d'amour et de patrie, dans ce rêve sublime de gloire et d'avenir?... nous l'ignorons ; un si beau jour n'a pas laissé trace en ses chants.

Merci, jeune homme ! j'en bénis ta mémoire ! Une généreuse pudeur t'a fait taire le malheur de la France.

Ce sentiment fut celui de Rome tout entière. L'accueil qu'elle fit à nos soldats prisonniers restera à jamais dans la mémoire, parmi les choses qui ont fait honneur à la nature et relèvent l'humanité. Nos infortunés soldats, victimes d'une politique exécrable, eurent le cœur brisé du bon accueil de Rome, de sa noble hospitalité. Soignés aux hôpitaux par les dames romaines elles-mêmes, ils pleuraient de remords, gémissaient de leur destinée. Nous trouvons dans un acte authentique leur parole, naïve expression d'un profond regret : « Quelque chose nous avait bien dit que nous combattions des frères ! »

Renvoyés honorablement, et fraternellement accompagnés de la garde nationale romaine, ils n'entendirent qu'une chose sur leur passage, notre chant, notre hymne français, la *Marseillaise*. Ce grand peuple sentit qu'ils avaient besoin d'être consolés ; il leur chanta leur chant !

Ah ! Romains ! puissions-nous, avec vous, sous de meilleurs auspices, chanter aussi le vôtre, et faire entendre aux Autrichiens, aux Russes, le *Fratelli d'Italia !*

XI

On sait comment les Français renvoyés furent à l'instant embarqués pour la France. On sait la lutte que la France elle-même, dans la personne de son ministre, M. de Lesseps, soutint au camp contre le général. La France ne pouvait être écoutée, lorsque son général siégeait entre les hommes du pape et du czar. M. de Lesseps vit avec horreur ce général entre nos mortels ennemis.

Et cette chose criminelle fut faite criminellement. L'attaque, annoncée *pour le lundi 4 au plus tôt*, se fit dans la nuit du samedi au dimanche, à une heure du matin. C'est ce qui reste acquis à l'histoire, assuré, constaté, non-seulement par un acte officiel du gouvernement romain, non-seulement par les plaintes

indignées de M. de Lesseps, mais surtout par
la lettre du général Oudinot lui-même. Un avis
de M. de Lesseps, trompé lui-même, avait
trompé les Romains. Le soir, on fond sur eux,
on enlève le poste de Monte-Mario, on prend
toute une compagnie plongée dans le sommeil.

Ville prise ! Les assaillants avancent sans
obstacle. Il était une heure du matin. Ils arrivent aux portes... Là, ils trouvent Garibaldi.

L'intrépide soldat ne dormait guère. Il était
là, devant les portes, et sept cents volontaires
avec lui. Toute la ville s'armait dans la plus
violente indignation, dans une inexprimable
fureur. Tous les hommes coururent. Les femmes
allaient les suivre. Sur 8,000 hommes de garde
nationale active, 7,556 allèrent au combat.

Cette affaire déplorable, cette attaque en
pleine trêve, coûta la vie au pauvre Mameli.

Arrivé des premiers aux côtés de Garibaldi,
il reçut une balle à la jambe.

Blessure qu'on crut d'abord légère, et qui
causa sa mort.

XII

On porta Mameli au Quirinal, dans le palais
du pape, transformé en hôpital.

Le difficile était de l'y tenir. Il soutenait aux
chirurgiens que son mal ne méritait pas attention.

Triste sort, celui d'un blessé dans de telles
circonstances ! Les tentatives nouvelles de
surprise qui furent faites le 5, le 22, le rem-
plissaient d'indignation, l'arrachaient de son
lit.

L'effroyable bombardement qui, pendant tant
de jours, tint Rome sous un berceau de feu, était
certes peu propre à le calmer, à lui donner la
patience.

La capitale des arts fut traitée comme un
village barbaresque. De précieux tableaux,

d'inestimables statues eurent de cruelles bles-
sures. Plusieurs femmes furent écrasées. Une
pauvre fille dormait avec sa sœur : des deux,
une seule fut atteinte, choisie par la bizarrerie
de la mort.

Mameli, devant de telles choses, ne put tenir.
Faible, pâle et boitant, il s'échappe de l'hôpital,
il s'en va au combat.

Ses camarades ne le souffrirent pas ; ils le
renvoyèrent se reposer.

Mais quel repos ! dans un tel état d'esprit !

Sa blessure allait de mal en pis. Des signes
de gangrène, qui avaient paru un moment, puis
disparu, revinrent, et ils ne firent plus qu'aug-
menter.

Fixé au lit, captif, le jeune homme, par un
noble effort, faisait appel du moins à la liberté
intérieure. Il évoquait à son lit de malade sa
douce maîtresse et sa nourrice, la poésie, lui
demandait secours.

Traduirai-je ces chants d'une âme défaillante ? Oui, je les traduirai. Leur pâleur même
est un trait de vérité ; elle commande un tendre
respect pour le jeune martyr.

Asseyons-nous au lit de cet enfant ; si le présent, si la vie lui manquent, il a en récompense un rayon de l'avenir.

« Il sourit, le jeune homme, il sourit tristement ; son regard perce l'azur du ciel de la patrie... A ses yeux pleins d'amour rayonne l'aube ravissante de Dieu !

« Ah ! que le cœur lui bat ! tous ses traits s'illuminent de son noble désir ! — Le passé a tari, lui dit la voix divine. Voici le nouvel âge ! — Je le bénis ! qu'il soit fécond !... »

« L'âme du poëte erre déjà aux sentiers du génie à venir ; ravie hors d'elle-même devant la terre promise et la rédemption de l'humanité !

« Il se prosterne, et se jette aux autels. Hélas ! son âme soucieuse, tout en voyant à l'horizon les lointaines splendeurs de l'avenir, s'est arrêtée sur un seuil sanglant !... »

Dans la pièce suivante, d'adieu, d'amour, mais d'un amour mélancolique plus qu'ardent et passionné, il fait offrande à une femme aimée (absente alors) de ses dernières pensées, de ses regrets, de ses doutes même. La mélodie, malheureusement, est tout le charme de cette dernière pièce. Touchante plus qu'on ne peut dire, molle et vague, toute en rapport avec une pensée qui va tarissant. On y sent le triste sourire du blessé, dont l'œil, déjà pâli, errant, voit son sang s'écouler. A la fin, l'idée n'est plus rien, la mélodie s'éteint, et l'âme aussi sans doute... Un grand silence se fait. Ami, où êtes-vous ?

Si quelque chose avait pu ramener Mameli à la vie, c'était l'héroïsme inoui de Rome à ses derniers moments. Toute la terre en est restée muette. Dix jours de suite, une misérable maison, le Vascello, un poste de cent hommes, sous le jeune Medici, a tenu contre une armée, contre une artillerie terrible tirant à bout portant. Et, la maison démolie, ils ont tenu encore. Garibaldi a été forcé d'arracher de ce lieu le peu d'hommes qui restaient.

L'ennemi entra le 4 juillet. Mameli expira le 6.

Il avait attendu, pour mourir, la mort de Rome elle-même.

XIII

Il avait fait beaucoup, cet enfant de vingt
ans. Il aurait fait bien davantage. Poëte aimable, qui eût été grand.

Mais si le poëte est regrettable, combien
l'homme le fut plus encore !

Écrivons sur sa tombe ces paroles doulou-
reuses du grave Mazzini :

« Que regrettai-je ? Sa mort ? Non, elle fut
heureuse. Je regrette le vide qu'il laisse, cette
lumière de sérénité, ce sourire qu'il eut dans
les yeux, et qu'il communiquait, calme comme
la Foi. Je regrette cette affection d'autant plus
profonde qu'elle éclatait moins en paroles ; ce
parfum de poésie qui ondoyait autour de lui ;

ces chants, errants toujours sur ses lèvres faciles, inspirées, spontanées, comme un chant
d'alouette au matin. Le peuple les recueillait ;
lui, il les oubliait.

« Pour moi, pour nous proscrits de vingt
années, vieillis et dépouillés de nos illusions, il
était comme une mélodie de jeunesse, comme
un pressentiment des temps que nous ne ver-
rons point ; temps heureux où l'instinct du bien,
du sacrifice, sera tout naturel, s'ignorera lui-
même, ne sera plus, comme sont aujourd'hui
nos vertus, le fruit de longs et durs combats.
Sa science eut tout le charme et l'ingénuité de
l'innocence.

« Ses yeux néanmoins, par moment, se voi-
laient de quelque tristesse, comme si l'ombre
de l'avenir et d'une mort précoce s'était à son
insu projetée sur son âme.

« Sa nature de poëte tendait à je ne sais
quelle langueur, à une certaine délicatesse fé-
minine, amie du repos. Et, avec tout cela, l'extrême mobilité de ses sensations, sa vive excitation nerveuse le jetaient à chaque instant
dans une grande inquiétude physique.

« Il était d'un caractère, d'un cœur faciles, heureux de pouvoir, dès qu'il aimait, s'abandonner à la confiance, comme l'enfant dans les bras maternels. Et pourtant, il était très-ferme dans tout ce qui touchait à sa foi.

« Il était sensible aux parfums des fleurs comme une femme. Beau, mais très-peu occupé de lui.

« Souvent, pour le faire sourire, je l'appelais Sténio, ce poëte né pour vivre des mélodies de la lyre et des images de la beauté... Mais un moment d'inspiration, un pressentiment d'avenir, d'unité italienne, une parole de vertu sévère, lui faisaient briller dans les yeux la flamme des pensées fortes. Et alors, vous auriez dit qu'il n'était né que pour tirer l'épée ! »

LE SOLDAT CITOYEN

LE SOLDAT CITOYEN

A la fin du second empire, lors des élections de Paris de novembre 1869, deux soldats du 71me de ligne étaient entrés dans une réunion publique d'électeurs. Ils furent, pour ce crime, conduits à la prison militaire du Cherche-Midi, puis déportés en Afrique.

Le journal *le Rappel* ouvrit une souscription pour l'exonération de ces deux soldats. Michelet adressa au *Rappel*, avec sa souscription, la lettre qui suit :

C'est une œuvre admirable de fraternité, de justice, une œuvre sainte, c'est un devoir pour nous. Souscrivons pour les deux soldats.

Qui sont-ils? De quel corps? Et que deviennent-ils? Il faut bien que l'on sache qu'ils sont suivis des yeux, sous la protection de la France. On n'étouffera pas dans un coin de l'Afrique cette question : le droit de l'armée.

François Hugo l'a établi en termes magnifiques, dans un article que l'on n'oubliera pas. Il a justement rappelé que la révolution de Février, avec une confiance généreuse, fit, la première, le soldat citoyen, électeur, éligible, et que le 2 décembre, accompli par l'armée, le refit hilote et machine, recommença pour elle les *servitudes militaires*.

Mot cruel dont à peine on peut mesurer la portée. Il couvre tout un monde de douleurs ignorées, un abîme inconnu. Quand pourrai-je trouver un livre qui réalise ce grand titre : *Les servitudes militaires* (ce sujet entrevu, manqué par de Vigny)? Qui me dira bien ce que pense l'armée, ce grand muet dont la voix est si étouffée? Les suicides fréquents en font transpirer quelque chose. On devine l'ennui d'un si terrible vide, où l'idée est proscrite, la personnalité anéantie.

La nostalgie profonde, le regret du pays, de la famille est le trait ordinaire de ce dur

hilotisme. Je le lis au visage de ces jeunes soldats qui traînent aux rues désertes près de mon
Luxembourg. Le foyer, les parents leur sont
présents, les suivent de caserne en caserne, de
garnison en garnison.

Hélas ! et qu'est-ce donc quand la discipline
commande de tirer sur ce peuple où leur père
est peut-être ? Horrible effort ! Chassin le notait
l'autre jour avec beaucoup de cœur. Quel regret, quel remords après ces actes parricides

Se souvient-on assez que la Révolution commença, en 89, par un régiment (Châteauvieux),
qui, pour rien au monde, ne put faire cette
chose abominable, et resta aux Champs-Élysées
pendant qu'on prenait la Bastille ? Grand souvenir ! En 91, un mouvement immense se fit
pour les soldats condamnés, enchaînés ; un
triomphe inouï. Ils furent portés sur le cœur
de la France.

Qui peut faire la distinction impie de l'armée
et du peuple ? Déguisé sous un uniforme,
qu'est-ce que le soldat ? Notre enfant.

L'autre jour, rue de Rivoli, je regardais passer un régiment, superbe de tenue et de vive

allure. Tels de ces jeunes gens me rappelaient, par la taille ou les traits, le fils que j'ai perdu. Près de moi, quelques bonnes femmes, vieilles d'années moins que de misères, les regardaient des mêmes yeux. J'aurais bien parié que plusieurs étaient mères, avaient leurs fils soldats, attendaient et comptaient les jours.

La grande mère, la France les compte aussi, attend.

Par bonheur, le temps marche et la libération avance.

Ce fils lui reviendra.

Il sera beau le jour où, réunis en elle, père, fils, frère, soldat, peuple, confondus, pourront l'embrasser !

23 novembre 1869.

NOTES

Note 1.

LATOUR D'AUVERGNE.

La lettre suivante de Latour d'Auvergne,
écrite quelques semaines avant sa mort, laisse
paraître de la façon la plus touchante les qualités du héros, la bonté, la simplicité, la modestie.

Passy-sur-Seine, 16 mai 1800.

*Le citoyen la Tour d'Auvergne Corret, au chef de bu-
reau des prisonniers de guerre de la marine.*

Citoyen, je serais extrêmement touché des bontés
que vous voudriez bien accorder, à mes très-instantes
prières, au capitaine Rioux, commandant le corsaire
la Sophie de Bordeaux. Ce brave mais infortuné ma-
rin, pris par les Anglais et renvoyé en France sur sa parole depuis quatorze mois, est chargé d'une famille
nombreuse qui ne subsiste que de son travail. Hors d'é-
tat d'exercer sa profession, jusqu'à ce que son échange
ait été consommé, il ne lui reste plus aucun espoir
que dans vos bontés. Je prends le plus vif intérêt au
sort de cet honnête homme plongé dans le malheur.
Je n'ai aucun titre en ce moment pour déterminer
une intervention en sa faveur, mais je m'efforcerai

de m'en faire à l'avenir par une reconnaissance qui ne s'effacera jamais de mon souvenir.

Salut et profonde estime.

LE CITOYEN, LA TOUR D'AUVERGNE CORRET,
Ancien commandant des grenadiers.

Note 2.

LES GÉNÉRAUX DE LA RÉPUBLIQUE.

Voici, sur l'origine des généraux de la Révolution, quelques notes instructives :

Hoche était fils d'un employé au chenil du roi ; Marceau, fils d'un greffier de Chartres ; Kléber, fils d'un terrassier ; Augereau, fils d'un maçon et d'une fruitière. Huttin avait été apprenti horloger.

Presque tous les généraux de la Révolution et de l'empire partirent de l'ancienne armée. Jourdan, Joubert, Kléber, en étaient sortis comme d'une impasse. Masséna était sous-officier dans le royal italien ; Soult, sous-officier au régiment du roi ; Ney, maréchal-des-logis aux hussards ; Murat, sous-officier dans la garde constitutionnelle du roi ; Augereau, cavalier aux carabiniers ; Oudinot, soldat au régiment du Médoc ; Victor, sous-officier d'artillerie ; Lefebvre, sergent aux gardes françaises ; Moncey, Davoust, Macdonald, Kellermann, Marmont, Clarke, Serrurier, Pérignon, étaient sous-lieutenants dans l'ancienne armée. La révolution trouva Bernadotte sergent; Hoche, caporal; Marceau, sergent.

En 89, Marceau et Joubert avaient vingt ans; Hoche, vingt et un ans; Jourdan vingt-sept ans; Augereau trente-deux ans; Kléber trente-sept ans.

Note 3.

HOCHE.

La correspondance de Hoche.

Hoche, dans son infatigable activité, écrivait beaucoup, et pour ses amis et pour lui-même; il ne nous reste malheureusement que fort peu de ces écrits. Dans une lettre datée de la Vendée 1795, il manifeste son chagrin d'avoir perdu le meilleur de son âme, la plus grande partie de ses papiers. Papiers précieux qui nous eussent révélé les secrets des partis, ses jugements sur les hommes, etc. D'après des renseignements fournis par la respectable veuve de Hoche, il avait, dans sa première campagne sur le Rhin, perdu déjà ses fourgons; son beau-frère Delabelle, en allant en Italie, perdit encore une partie de ce que Hoche lui avait confié; après sa mort, Lefebvre porta ce qui restait à Bonaparte, qui ne manqua pas de détruire tout ce qui aurait pu lui nuire dans l'opinion.

Il reste du moins de Hoche un assez grand nombre de lettres. Nous en donnons ici quelques fragments. Les lettres de Vendée sont les plus intéressantes. Il écrit lui-même, n'ayant pas, comme Napoléon, un Champagny pour lui tenir la plume. Ces lettres originales ont le grand mérite de nous donner bien des traits de caractère de celui qui croit peindre les autres et se peint lui-même dans la forme variée de sa correspondance.

Ce qui domine partout, dans ces lettres comme dans sa vie, ce qui gardera à cette mâle figure une éternelle auréole, c'est ce profond sentiment d'humanité et de justice que nous avons déjà signalé. Au milieu de cette affreuse guerre civile, on sent qu'un mot de pitié est toujours prêt à jaillir de sa plume en faveur des royalistes, même coupables. Il veut voir en eux des âmes égarées qu'il serait facile de ramener par la douceur.

En toute circonstance, il s'efface, il s'oublie. Il n'écrit pas pour parler de lui, se dresser un piédestal. Il aime à parler des autres, à les faire valoir ; il prend plaisir à raconter leurs belles actions. En voici un exemple qui mérite d'être cité. La lettre est adressée à un ami, au citoyen Augier.

18 fructidor, an II.

Lorsque soi-même, on ne peut servir de modèle à ses jeunes concitoyens, qu'il est doux d'être à portée de leur citer les actions héroïques de notre siècle !

J'ai eu le plaisir d'embrasser Cabien et de lui donner à dîner. Tu connais sans doute l'anecdote et les détails. J'ajouterai seulement quelques faits sur l'homme, son physique et son moral. Notre héros, pêcheur de profession, était âgé de trent-deux ans, lorsqu'il eut le bonheur de sauver sa paroisse de la dévastation que se promettaient d'y faire les Anglais. Marié depuis cinq ans, il avait deux enfants ; sa femme, brune, était, dit-il, assez jolie. Il a maintenant soixnte-trois ans ; brun, l'œil noir et vif ; sa taille est de 5 pieds 4 pouces ; il est veuf et a perdu cinq fils qu'il regrette de ne pouvoir conduire aux frontières : il parle assez bien, et raconte l'aventure d'une manière à faire plaisir.

Mon ami, je t'assure que ce respectable citoyen mérite d'être connu de la nation entière, tant par sa bravoure, sa loyauté, que par son amour pour la liberté et son désintéressement. Quel homme à mettre en scène !

Figure-toi les Anglais débarqués, cherchant à incendier le village d'Ostreitsam, et Cabien, seul, les faisant rembarquer en tirant quelques coups de fusil, battant la caisse et commandant son bataillon.

Lorsque la Convention lui eut accordé un secours provisoire de 600 livres, Cabien, très-pauvre, afficha à la porte de l'église de son village que ses créanciers aient à le venir trouver, qu'il avait reçu un bienfait de la nation, que son dessein était de les payer tous, ce qu'il fit sur-le-champ ; après quoi, du reste de la somme, il fit couvrir sa chaumière. Sa pension ne lui a pas encore été payée. Sur ses vieux jours, il a failli mourir de faim après une si belle action. » (Rousselin, II, 76).

Dans les fragments qui suivent se révèle le tendre respect de Hoche pour les veuves-mères :

... J'intéresserai sans doute votre humanité, écrit-il à des représentants du peuple, en vous disant que le citoyen Mermet vient, ainsi que son fils, d'être tué dans une des dernières affaires. Ces deux braves militaires, l'un commandant le premier bataillon du trente-neuvième régiment, l'autre porte-drapeau, sont expirés sur le champ de bataille. Que ne doit-on pas à une femme, veuve et mère infortunée de défenseurs de la patrie, surtout si elle n'a d'autre fortune que les deux êtres malheureux qui la secouraient dans sa vieillesse ! (II, 93.)

... Dejen était mon ami de cœur. Permettez-moi, représentants, de recommander à la bienveillance nationale une mère qui n'avait d'autre soutien que son digne fils. Il a bien mérité de la patrie, mon ami; je vous supplie, prenez soin de sa mère. Si ma fortune était proportionnée à mon désir d'obliger, je n'aurais pas révélé ce secret, mais le ciel ne m'a pas favorisé du côté des richesses. » (II, 196.)

Hoche n'est pas moins bon pour le soldat.

... Mon cher général (le général Kricq), si les sol_dats étaient philosophes, ils ne se battraient pas. Tu ne veux pas qu'ils soient ivrognes, ni moi non plus; mais examine quelles peuvent être les jouissances d'un homme campé, et qui peut le dédommager des nuits blanches qu'il passe ? Corrigeons pourtant les ivrognes, surtout lorsque l'ivresse les fait manquer à leurs devoirs. Il est un moyen d'y parvenir ; c'est de donner

à nos enfants une éducation nerveuse, et dont les
principes feraient détester l'ivrognerie, les jeux de
hasard, la lâcheté et les autres misères de la vie hu
maine. Hélas! s'il est dans la nature de l'homme
d'être bon et vertueux, il faut avouer que nos institutions, dites sociales, et que je regarde comme des-
tructives, l'ont fait bien dégénérer...

Mais où diable vais-je me fourrer? Je parle presque
comme un rhéteur.

Il faut lire la lettre suivante qui, sans que
Hoche le cherche, met en parallèle le soldat qui
souffre sans cesser d'être honnête, et les fournisseurs grassement nourris qui dilapident les
biens de l'État.

... L'esprit du soldat est généralement bon. Il
aime à bien servir; mais il veut être commandé et
encouragé. Loin de nous ces hommes qui le regar-
dent ou qui le traitent comme un vil mercenaire! La
classe des simples fusiliers est la plus pure et la plus
estimable de l'armée. Nous devons l'aimer, la consi-
dérer, et proportionner nos attentions à ses besoins.
Qui ne sait qu'il est tel grenadier doué d'un plus grand
sens que son général? Dans les armées indisciplinées seulement, la multitude peut devenir méprisa-
ble par la licence à laquelle elle est abandonnée.
Sous de bons chefs, elle reprend ses vertus, elle sert
l'État qui naguère en était opprimé.

.. Les administrateurs des charrois, vivres, etc.,
mènent le plus beau train du monde; *la République
est là*, disent-ils. C'est dans ce cloaque qu'il faut ra-
viver l'amour des devoirs, j'oserai dire la probité et

l'obéissance, ou plutôt l'obéissance aux lois. Voyez nos bureaux; ils sont toujours remplis de jeunes hommes de réquisition poudrés et parfumés. Demandez-leur ce qu'ils font là, ils vous riront au nez. Vils sybarites, insolents esclaves de vos vices, ne vous forcera-t-on pas un jour à vous charger d'un mousquet, et à céder votre place à l'honnête père de famille, à l'indigent dont les enfants meurent de faim ?

Dans la campagne de Vendée, où tout devait l'irriter de la part de l'ennemi, Hoche, obligé de faire des arrestations, écrit au citoyen Morisset, capitaine commandant le camp de Puilley :

N'oublie jamais, citoyen, que ce sont des Français que tu vas arrêter, et que tu ne dois les traiter en ennemis que lorsqu'ils t'y contraignent par leur rébellion. J'attends que tu mettras dans cette expédition toute l'humanité qui caractérise les républicains. (T. II, p. 99.)

... Rappelle-toi sans cesse, citoyen, pendant le cours de ton honorable mission, que ta conduite doit être celle d'un patriote éclairé, d'un homme vertueux, d'un officier républicain et français. Tu restes responsable de celle des hommes qui te sont confiés. Habitue-les au feu, à la fatigue, à la victoire; mais, surtout à respecter l'innocent habitant des campagnes opprimé. Habitue les républicains que tu commandes à respecter les propriétés, à être sobres. Que jamais on ne puisse te reprocher un acte arbitraire. (T. II, p. 141.)

... Il est beau de traiter philosophiquement les habitants des campagnes; il est bon de les ramener à la

République par la voie seule de la raison ; il ne faut
pas croire que ce soient ces malheureux qui pillent et
égorgent. Il est d'autres hommes qui commettent ces
crimes ; ceux-là ne sont pas des paysans, mais bien
des brigands. (T. II, p. 109.)

Hoche avait horreur des sanglantes représailles
que se permettaient parfois les soldats sur l'ennemi. Après la mort de Boishardy, on lui coupa
la tête, et on la promena au bout de la baïonnette. Hoche écrit à l'adjudant général Crublier :

Je suis indigné de la conduite de ceux qui ont
souffert qu'on promenât la tête d'un ennemi vaincu.
Pensent-ils, ces êtres féroces, nous rendre témoins
des horribles scènes de la Vendée ? Il est malheureux que vous ne vous soyez pas trouvé là pour empêcher ce que je regarde comme un crime envers
l'honneur, l'humanité, la générosité française. Sans
perdre un moment, vous voudrez bien faire arrêter
les officiers qui commandaient le détachement des
grenadiers, et ceux d'entre eux qui ont coupé et pro-
mené la tête du cadavre de Boishardy. (T. II, p. 178.)

Était-ce le pressentiment de son grand destin
sitôt brisé? Hoche, cet homme d'action, a une
certaine tendance à la mélancolie. Pendant que
« le pauvre garde-côtes » surveille de jour et de
nuit la mer, et défend l'entrée de nos ports à
l'ennemi, les mornes brouillards du marais vendéen pèsent sur l'âme de Hoche et la pénètrent
de tristesse. Il écrit à son ami Laugier : « Je de-
vrais être content ; je pourrais être heureux ; il

n'en est rien. Je ne sais quoi me chagrine profondément. »

Déjà, à l'armée de la Moselle, il semble atteint de ce mal inconnu. Il est sombre, découragé :

Ce n'est plus l'homme que tu as connu qui te parle, écrit-il à Dulac, c'est un malheureux qui ne peut manger, boire, ni reposer nulle part... Rien ne calme la mélancolie qui me consume. Ardent ami de la Révolution, j'ai cru qu'elle changerait les mœurs. Hélas ! l'intrigue est toujours l'intrigue ! et malheur à qui n'a pas de protecteurs ! Tiré des rangs je ne sais pourquoi, j'y rentrerai comme j'en suis sorti, sans plaisir ni peine, me contentant de faire des vœux pour la prospérité des armes de la patrie.

Voici enfin, pour achever de peindre cette grande âme inflexible dans sa droiture, la noble et ferme réponse qu'il adresse au général qui lui annonce que le gouvernement l'a relevé de son commandement à l'armée de Cherbourg :

Ma compagne, à qui j'ai verbalement fait part de l'article de votre lettre, m'a répondu assez vivement qu'elle était très-satisfaite que je pusse la reconduire. Nous habiterons ensemble une métairie, à peu près dans un désert, et là, je ferai de la misanthropie à mon aise. Il est juste que les patriciens relèvent les plébéiens qui ne savent point intriguer pour conserver les places que leurs services leur ont acquises. Je suis las, mon cher ami, d'être sans cesse ballotté ! Né républicain, je veux vivre tel, et ne pas être soumis au caprice des circonstances.

Vous devez me connaître assez pour croire que je
ne serai jamais courtisan. L'homme du jour sait
fraternellement dénoncer; l'homme probe ne suit
que les immuables principes de la justice, il doit se
sacrifier pour la vérité... Qu'importe, après tout, que
les hommes me rendent justice, si ma conscience ne
me reproche rien? Heureux habitant du Morbihan,
qui ne vis que pour adorer Dieu et travailler, j'envie
ton sort. Que ne suis-je à ta place! Bien que des pil-
lards, bleus, gris ou verts, vinssent m'arracher le
fruit de mes peines, je vivrais content. L'on me pille
aussi, et l'on voudrait que je fasse bonne figure!

... Quel reproche me fait-on? Est-ce d'avoir dit la
vérité? Je la dirai toujours. Il y a un an, j'étais au
fond d'un cachot bien humide pour l'avoir dite : cela
ne m'a pas corrigé.

—

Lettre de M. le marquis des Roys.

Madame Michelet avait communiqué au petit-
fils de Hoche, M. le marquis des Roys, le manus-
crit de Michelet sur son illustre aïeul, en lui demandant s'il n'aurait pas dans ses papiers de
famille quelque document qui pût compléter la
biographie du Pacificateur de la Vendée.

M. des Roys répondit à madame Michelet la
lettre qui suit :

Gaillefontaine (Seine-Inférieure).

Ce 26 novembre 1877.

Madame,

J'ai été extrêmement touché de la pensée qui vous
a fait me communiquer le travail de M. Michelet sur

mon grand-père. Je l'ai lu de suite et avec le plus
vif intérêt. Quoique le cadre de l'illustre historien
soit volontairement restreint, et se rapproche plus
d'une étude que d'une biographie complète, j'y ai
trouvé une vie, une animation chaleureuses et rares;
j'y ai appris plusieurs détails qui m'étaient inconnus.
Je ne puis être que très-reconnaissant de cette nouvelle pierre, qui sera notée entre toutes, apportée au
monument qui assure la mémoire du général Hoche
contre l'oubli.

Les papiers que je possède ici, et qui aujourd'hui
sont mis en ordre, ont été feuilletés tant de fois qu'il
n'en reste que bien peu d'inédits. Ces derniers sont
pour la plupart des rapports ou des pièces longues
et techniques, qui surchargeraient un travail dont
le mérite est d'être rapide comme la vie.

Moi-même je prépare dans ce moment une publi-
cation de tout ce qui pourra intéresser le public dans
la vie et les œuvres de ce grand homme. On trouvera
là, dans l'avenir, tout ce que la famille du général Hoche a pu arracher au temps et à toutes les causes de
destruction qu'il amène avec lui.

Permettez-moi, Madame, de vous dire que, tout
enfant, je me rappelle avoir assisté à la visite que
M. Michelet vint faire à ma grand'mère. J'ai toujours
conservé le souvenir des longs cheveux blancs qui
encadraient son visage, il y a plus de trente ans...

Veuillez agréer, madame, l'expression de ma res-
pectueuse considération.

Le Mis des Roys,

Mameli.

Lettre de Mazzini à Michelet.

Au moment de parler de Mameli et du siége de Rome, Michelet avait écrit à Mazzini pour le prier de l'éclairer sur quelques faits du siége, notamment sur l'héroïque défense du Vascello. Voici la réponse de Mazzini.

5 mai.
2, Sidney place, Brompton.

Monsieur,

Je suis fier de votre sympathie. J'ai souvent puisé dans vos écrits non-seulement le sens du passé, mais ce rassérénement de l'âme que le magnétisme de la foi peut seul donner. Vous êtes pour moi un des précurseurs de l'église de l'avenir. Je ne vous estime pas seulement, je vous aime.

.... N'écrivez pas sur le Vascello autrement qu'en y voyant le *collectif*. Tout le monde y a été héros. Et tout ce que vous pourriez inexactement écrire sur des individualités amoindrirait le *nous* italien qui s'est puissamment affirmé sur ces décombres.

Mais je serais désolé si ce que je vous dis vous faisait renoncer à l'intention d'écrire quelques pages sur Rome. Je l'ai depuis longtemps vivement désiré, et je vous supplie de le faire. Vous nous avez parlé de la Rome du passé en maître; parlez-nous de la Rome de l'avenir, de la Rome du peuple. Je l'ai pressentie par le cœur il y a vingt ans, quand tout le monde hochait la tête en m'appelant rêveur. Et maintenant, il n'y a pas un seul Italien digne de ce nom qui n'y entrevoie un troisième monde, venant se superposer aux deux mondes antérieurs, et plus grand qu'eux. Qu'une voix de Français salue ce monde au berceau! et que cette voix soit la vôtre!

Comme de simples pressentiments, des lueurs d'avenir, parcourez les actes officiels de la République romaine ; lisez quelques pages qu'Accursi vous signalera çà et là dans l'*Italia del Popolo ;* lisez les chants de Mameli ; songez à cette formule « Dieu et le Peuple » supprimant tous les intermédiaires entre la révélation divine et l'humanité ; rappelez-vous qu'elle s'est instinctivement, sans concert, sans contact, échappée simultanément du sein de Rome et de Venise ; comparez ce qui, sous notre drapeau de religion républicaine, a pu se développer en fait de courage, de force et de dévouement au cœur du peuple, avec les efforts impuissants des bataillons et des parcs d'artillerie monarchiques dans la campagne lombarde ; — je suis sûr que l'inspiration ne vous manquera pas! Rome et Venise transformant les Transteverini et les Arsenalotti en héros sous le même drapeau, c'est l'unité italienne remplaçant le vieux dualisme guelfe et gibelin du Pape et de l'Empereur. Engagez-vous pour nous. Croyez-moi ; nous tiendrons votre engagement.

Écrivez-moi si, de quelque manière que ce soit, je puis vous venir en aide dans votre tâche.

Votre ami dévoué,

JOSEPH MAZZINI.

TABLE

TABLE

SOUS LE DERNIER BONAPARTE.

NOTES

TABLE. 303

ŒUVRES DE J. MICHELET

HISTOIRE

	vol.		vol.
Histoire romaine	2	Précis de l'Histoire de France au Moyen Age	1
Histoire de France	19		
Histoire de la Révolution	12	Précis de l'Histoire moderne	1
Légendes du Nord	1	Histoire et Philosophie :	
Les Femmes de la Révolution	1	Introduction à l'Histoire univer-	
Les Soldats de la Révolu-		selle. — Vico. — Luther. — La	
tion	1	France devant l'Europe. — Etc.	1

HISTOIRE NATURELLE

	vol.		vol.
L'Oiseau	1	La Mer	1
L'Insecte	1	La Montagne	1

HISTOIRE SOCIALE

	vol.		vol.
La Bible de l'Humanité	1	L'Étudiant	1
Les Origines du Droit	1	Nos Fils	1
Le Peuple	1	La Femme	1
La Sorcière	1	L'Amour	1
Les Jésuites. — Le Prêtre et la Femme			1 vol.

* 9 7 8 2 3 2 9 5 5 5 2 5 6 *